立教大学
日本史 世界史

2日程 × **3**カ年

教学社

は　し　が　き

　おかげさまで，大学入試の「赤本」は，今年で創刊 70 周年を迎えました。

　これまで，入試問題や資料をご提供いただいた大学関係者各位，掲載許可をいただいた著作権者の皆様，各科目の解答や対策の執筆にあたられた先生方，そして，赤本を使用してくださったすべての読者の皆様に，厚く御礼を申し上げます。

　以下に，創刊初期の「赤本」のはしがきを引用します。これからも引き続き，受験生の目標の達成や，夢の実現を応援してまいります。

　本書を活用して，入試本番では持てる力を存分に発揮されることを心より願っています。

編者しるす

＊　　　＊　　　＊

　学問の塔にあこがれのまなざしをもって，それぞれの志望する大学の門をたたかんとしている受験生諸君！　人間として生まれてきた私たちは，自己の欲するままに，美しく，強く，そして何よりも人間らしく生きることをねがっている。しかし，一朝一夕にして，この純粋なのぞみが達せられることはない。私たちの行く手には，絶えずさまざまな試練がまちかまえている。この試練を克服していくところに，私たちのねがう真に人間的な世界がはじめて開かれてくるのである。

　人生最初の最大の試練として，諸君の眼前に大学入試がある。この大学入試は，精神的にも身体的にも，大きな苦痛を感ぜしめるであろう。あるスポーツに熟達するには，たゆみなき，はげしい練習を積み重ねることが必要であるように，私たちは，計画的・持続的な努力を払うことによって，この試練を克服し，次の一歩を踏みだすことができる。厳しい試練を経たのちに，はじめて満足すべき成果を獲得できるのである。

　本書は最近の入学試験の問題に，それぞれ解答を付し，さらに問題をふかく分析することによって，その大学独特の傾向や対策をさぐろうとした。本書を一般の参考書とあわせて使用し，まとはずれのない，効果的な受験勉強をされるよう期待したい。

（昭和 35 年版「赤本」はしがきより）

目　次

掲載内容についてのお断り

- 本書には，一般入試 2 月 12 日，2 月 13 日実施分の「日本史」「世界史」を掲載しています。
- 立教大学の赤本には，ほかに下記があります。
  『立教大学（文系学部－一般入試〈大学独自の英語を課さない日程〉）』
  『立教大学（国語〈3 日程×3 カ年〉）』※漢文を含まない日程
  『立教大学（文学部－一般入試〈大学独自の英語を課す日程〉）』
  『立教大学（理学部－一般入試）』

TREND & STEPS

傾向　と　対策

　科目ごとに問題の「傾向」を分析し，具体的にどのような「対策」をすればよいか紹介しています。まずは出題内容をまとめた分析表を見て，試験の概要を把握しましょう。

=== 注　意 ===

　「傾向と対策」で示している，出題科目・出題範囲・試験時間等については，2024年度までに実施された入試の内容に基づいています。2025年度入試の選抜方法については，各大学が発表する学生募集要項を必ずご確認ください。

試験日が異なっても出題傾向に大きな差はないから
過去問をたくさん解いて傾向を知ることが合格への近道

　立教大学の一般入試は，複数の日程を併願できる全学部日程で実施され
ています（ただし文学部は，加えて大学独自の英語試験で受験できる独自
日程も実施）。

　国語（必須），選択科目のいずれも，試験日が異なっても同じ出題形式
で，出題傾向にも大きな差はみられませんので，受験する日程以外の過去
問も対策に使うことができます。

　多くの過去問にあたり，苦手科目を克服し，得意科目を大きく伸ばすこ
とが，立教大学の合格への近道と言えます。

─────── 立教大学の赤本ラインナップ ───────　

総合版　　まずはこれで全体を把握！

✓ 『立教大学（文系学部−一般入試〈大学独自の英語を課
　さない日程〉）』

✓ 『立教大学（文学部−一般入試〈大学独自の英語を課す
　日程〉）』

✓ 『立教大学（理学部−一般入試）』

科目別版　　苦手科目を集中的に対策！（総合版との重複なし）

✓ 『立教大学（国語〈3日程×3カ年〉）』※
　　　　　　　　　　　　　　　　　※漢文を含まない日程

✓ 『立教大学（日本史・世界史〈2日程×3カ年〉）』

◎総合版＋科目別版で全日程を網羅◎

日 本 史

年度	番号	内　　容	形　式
2024 ◐	2月12日 〔1〕	古代〜近世の都市建築（70字）	記述・正誤・選択・配列・論述
	〔2〕	近代のメディア	記述・選択・正誤・配列
	2月13日 〔1〕	原始〜中世の都　　　　✓**史料・地図・視覚資料・図**	記述・選択
	〔2〕	近世・近現代の大衆とメディア（50字）　✓**グラフ**	記述・選択・正誤・配列・論述
2023 ◐	2月12日 〔1〕	原始〜近世の大坂　　　　　　✓**視覚資料・史料**	記述・選択・配列・正誤
	〔2〕	近世〜現代の女性史（50字）　　　　✓**視覚資料**	記述・正誤・論述・選択・配列
	2月13日 〔1〕	古代〜近世の交通の発達と文化（60字）　✓**史料**	記述・配列・選択・正誤・論述
	〔2〕	近世〜現代の思想や学問とそれに伴う運動	記述・正誤・選択・配列
2022 ◐	2月12日 〔1〕	原始〜中世の食生活事情	記述・選択・正誤
	〔2〕	近世〜現代の庶民の闘争形態（60字）　✓**史料**	記述・正誤・選択・論述・配列
	2月13日 〔1〕	古代〜近世の日中・日朝関係史	記述・正誤・選択・配列
	〔2〕	近世〜現代の農民と労働者（50字）　　✓**史料**	記述・選択・論述・配列

（注）　●印は全問，◐印は一部マークセンス法採用であることを表す。

テーマ史 2 題
政治・経済・外交・社会・文化の総合問題

01 出題形式は？

　例年，大問 2 題の出題で，試験時間は 60 分。解答個数は 40 個程度。論述問題が両日程で出題されている。

　出題形式は，比較的長い時代を対象とするテーマ史的な問題文が用いられ，空所に用語を補充させる問題と，下線部に対する関連事項を問う問題で構成されている。解答形式は，記述式とマークセンス法による選択式が併用されている。

　なお，2025 年度は出題科目が「歴史総合，日本史探究」となる予定である（本書編集時点）。

02 出題内容はどうか？

　時代別では，例年，古代（原始を含むこともある）から現代までの範囲から出題され，特定の時代のみを扱った出題はない。

　分野別では，政治・経済・外交・社会・文化など多彩な分野から出題されているが，扱われるテーマの関係でやや偏りが生じることもある。2024 年度は両日程でメディアに関するテーマが出題された。

　史料問題は例年出題されている。2024 年度 2 月 13 日実施分〔1〕ではリード文に史料を用いた問題が出題された。また，2024 年度 2 月 13 日実施分で地図，文化財の写真などの視覚資料，条坊図などの図，統計グラフ，2023 年度 2 月 12 日実施分では，伽藍配置図や世界遺産の絵画といった視覚資料を用いた問題がみられた。

03 難易度は？

　基礎から標準的なレベルの問題が多いが，やや詳細な知識を問う設問が含まれることもある。選択問題であれば消去法を用いて解答することができるが，2 文の正誤問題は，それぞれの文の正誤を判定しなくてはならな

いので差がつきやすい。また，配列問題の中にはやや難度が高いものも含まれる。論述問題は，苦手とする受験生は多いと思われるが，問われていることは教科書に記載されているものが多く，標準的なレベルであるといえよう。

対 策

01　教科書学習の徹底

　教科書の内容を徹底的に理解することが先決である。語句選択や文章選択問題に対応するためには，教科書の文章を読み込んでおくことが必要となる。歴史用語は文章のなかで把握する習慣をつけ，補助教材として用語集などを利用しよう。問題を解くにあたり，解答の根拠を明確にしていくことが日本史学習を進めるうえで重要である。教科書については，欄外の注や図版，史料にも注意したい。特に文化史は，建造物・絵画・工芸品など，図版（写真・イラストなど）で出題されることもある。まずは教科書に掲載されているものを確認し，資料集などで情報を追加していくとよい。また，配列問題では，細かい年代を把握していなくても，因果関係や世紀・年代などの大まかな情報を整理できていれば解答できるものが多い。ただし，西暦を把握していれば解答を導き出すことはより容易になるので，余裕があれば重要な出来事の西暦を覚える意識を持つようにしよう。

02　記述・論述問題への対策

　記述式の問題に対応するために，歴史用語は正しく漢字で書けるよう，平素から訓練を積んでおかなければならない。特に立教大学では，記述式の空所補充問題が多く出題され，ここでは比較的基本〜標準レベルの用語が出題されているので，確実に記述できるようにしたい。「戸籍」の「籍」と「刈田狼藉」の「藉」など，よく似ている漢字を間違えて記述しないよう，丁寧に確認することを心がけよう。また，論述問題が出題されている。50〜70字程度の論述問題は出題されると考えて対策を重ねておきたい。

論述問題については，設問の要求や条件にしっかりと沿った答案を作ることが求められる。要求される文字数が比較的少ないので，正しい知識を集積しつつ，『スタートアップ日本史論述問題集』（駿台文庫）などを用いて論述に慣れておきたい。

03　テーマ史対策

テーマ史の出題が定着しているため，狙われやすいテーマは意識して学習しておきたい。例えば，法制史や軍事史などの政治史，日中関係史や日朝関係史などの外交史，貨幣・金融史や土地制度史などの社会経済史，仏教史や教育史などの文化史などがあげられる。その他にも，女性史や交通史，沖縄史，東北史など数え出したらキリがないが，少しでも多くのテーマを想定しておきたい。教科書などを利用して，同テーマの箇所だけをノートなどに抜き出して学習を進めていこう。テーマ史の問題集や入試問題をこなすなど，アウトプットも重ねておきたい。

04　過去問の研究

早い段階で過去問に取り組み，出題形式・難易度を把握しておけば，学習方針も定まってくるはずである。論述問題が出題される場合，時間配分も意識する必要が出てくる。50〜70字程度の論述問題にどの程度の時間を割く必要があるのか，日頃の学習で把握したうえで，全体の時間配分を練っていきたい。最終的には，60分という本番の試験時間ではなく，50分程度で解く訓練をしておくと，本番で余裕を持って対応できる。

世 界 史

年度	番号		内　容		形　式
2024 ◐	2月12日	〔1〕	アフリカの歴史	✓地図・グラフ・視覚資料	正誤・記述・配列・選択
		〔2〕	ヨーロッパにおける言語の歴史	✓地図	記述・論述・正誤
	2月13日	〔1〕	「枢軸時代」という概念		記述・正誤
		〔2〕	感染症の歴史	✓史料	記述・正誤・配列
2023 ◐	2月12日	〔1〕	政治・経済の歴史		正誤・選択・記述・論述
		〔2〕	動物園の歴史	✓地図	配列・記述・正誤・選択
	2月13日	〔1〕	宝石からみた世界史	✓史料	記述・正誤・選択
		〔2〕	古代～近世におけるヨーロッパの歴史	✓地図	記述・正誤・選択
2022 ◐	2月12日	〔1〕	世界史における似通った人名	✓視覚資料	記述・選択・正誤・論述
		〔2〕	国際裁判の歴史	✓地図	記述・選択・正誤・配列
	2月13日	〔1〕	岩倉使節団からみた世界史	✓視覚資料・地図	記述・正誤・選択
		〔2〕	チョコレートの歴史	✓地図	選択・正誤・記述

（注）　●印は全問，◐印は一部マークセンス法採用であることを表す。

地域・時代とも幅広く出題
論述や統計表・視覚資料問題に注意

01 出題形式は？

　大問 2 題の出題。試験時間は 60 分。解答個数は 40 個程度である。記述法とマークセンス法による選択・正誤問題を中心に，配列問題も出題され

ている。また，2022・2023・2024年度とも2月12日実施分では1行程度の論述問題がみられた。年代が解答を導く鍵になっている問題が散見されるのも特徴となっている。なお，2022・2023年度は両日程で，2024年度は2月12日実施分で地図問題が出題された。視覚資料を用いた問題も出題されている。

　なお，2025年度は出題科目が「歴史総合，世界史探究」となる予定である（本書編集時点）。

02　出題内容はどうか？

　地域別では，大問が2題と少なくテーマ史が多い関係で，1つの大問の中で多様な地域が問われるのが特徴となっている。全体としてはアジア地域よりも欧米地域からの出題が多く，欧米地域ではヨーロッパからの出題が中心となっている。アジア地域では，中国史の他，インド，東南アジア，イスラーム世界などからも幅広く出題されている。一方，2024年度2月12日実施分ではアフリカ地域からの大問が出題された。

　時代別では，1つの大問の中で古代から現代までといった長い期間が問われており，幅広く出題される。2022年度2月12日実施分では2003〜2019年の出来事が，2023年度2月12日実施分では2001年の出来事が，2024年度2月12日実施分では2008年の出来事が扱われた。時代的に偏りのない学習が要求されている。

　分野別では，あるテーマを設定し，そのテーマに関連した政治史・外交史を中心に，文化史や社会経済史から幅広く出題される。特に文化史は要注意で，2024年度2月13日実施分〔1〕「『枢軸時代』という概念」では文化史に関する問題が多く出題された。また，2023年度2月12日実施分〔1〕「政治・経済の歴史」では経済史関連の出題が目立った。

　総じて，特定の国・地域だけでなく，関連する地域も問われており，同時代の横のつながりを意識したテーマ史らしい出題となっている。

03　難易度は？

　教科書レベルの標準的な問題が大半であるが，年代や文化史に関連して，

用語集の説明文レベルの内容を踏まえた出題もあるため得点差の出やすい問題となっている。また，一部の正誤問題や記述問題では，かなり詳細な知識を求められることがあり，判断に迷うものもある。標準的なレベルの年代配列や記述，正誤問題で確実に得点を重ねたい。

01　教科書・用語集を中心とした学習を

　教科書レベルの問題が大半なので，教科書の徹底理解が求められる。教科書学習によって歴史の理解を深め，基本事項で失点しないことが重要である。教科書の本文を精読するだけでなく，欄外の注にも気を配りたい。また，例年論述問題が出題されているが，教科書学習をする際は，『世界史用語集』（山川出版社）などの用語集を常に参照し，日頃の学習の中で歴史事項の背景・経過・結果などの流れを書き出し，文章としてアウトプットする力を身につけていきたい。歴史の大まかな流れを理解できたら，一問一答形式の問題集を活用して，インプットにも努めること。なお，記述問題が出題されているため，中国史や朝鮮史における漢字表記の練習を忘れないようにしたい。

02　テーマ史・現代史対策

　広い地域・長い時代を対象とするテーマ史の出題が多い。主要な国の一国史や欧米などの地域史を学習する場合であっても，同時代の他地域の状況を常に意識する姿勢が望まれる。学習が浅くなりがちな東南アジアやアフリカからの出題が一定数あるため，これらの地域についても丁寧に整理しておきたい。

　現代史も頻出で，2000年以降に起こった出来事に関する設問も出題されている。21世紀の出来事も含め，日頃からニュース報道や新聞などをチェックし，国際的な諸問題についても確認しておきたい。

03　年代対策をしっかりと

　例年，配列問題や同年代の出来事を問う問題など，年代が解答の鍵になる問題が出題されている。重要な年代はできる限り暗記しておくこと。年代に関する専門の参考書などを利用して，数多く覚えるよう努力したい。

04　文化史や地図・統計表に注意

　文化史が例年一定数出題されているため，教科書の章末などにまとめられている文化史についても未学習にならないように注意すること。視覚資料問題への対策として，教科書や資料集に載っている地図・図版や絵画などは，その説明文とあわせて確認しておきたい。また，2024年度2月12日実施分ではグラフが出題された。学習した知識を用いて，統計を分析する力が求められているので，教科書や資料集にあるグラフや統計表などについては，その数値の意味を教科書の言及とともに理解しておきたい。

05　過去問演習

　過去の問題にあたり，難易度を自分の力で確認しながら出題形式に慣れておこう。過去問を本番さながらに解いて，試験時間60分を有効に使えるように工夫したい。

2月12日実施分　　問題　日本史

（60分）

Ⅰ. 次の文1～3を読み，下記の設問A・Bに答えよ。解答は解答用紙の所定欄にしるせ。

1. 日本における都市の発展に，木材の利用は不可欠であった。古代日本の低地に生育して
いた檜（ひのき）は，飛鳥時代以降，法隆寺のような大寺院の建築用材として重用された。この
1)
頃ヤマト政権の実権を握った蘇我氏は仏教の普及に努めた。推古天皇の政治を補佐した
厩戸皇子（聖徳太子）が，法華・維摩・勝鬘という経典の注釈書である『（　イ　）』を
著したと伝わるなど，新たな政治理念として仏教が重んじられた。そののち，本格的な
宮都が建設されていくなかで，檜は最良の建築用材となった。宮都はたびたび遷都され，
藤原京や平城京は碁盤の目状に東西南北に走る道路で区画された条坊制の都市として整
2)
備された。とくに平城京は，羅城門から大極殿に至る道幅約74メートルの（　ロ　）と
いう道路を中軸に，左京と右京とにわかれていた。宮都は，そののち，平安京へと遷都
された。平安京には，大規模な寺院や邸宅が建設されたために，大量の木材が伐採され，
畿内周辺の山林資源は急速に消耗していった。

　　宮都としての平安京は，11世紀以降，主要部が火災で焼失するなどの影響もあって，
都市としての凝集性は失われ，平安京の外で都市的な場が開発されていく。その一つが
白河の地である。ここには，のちに院政を始める白河天皇が造立した（　ハ　）をはじ
めとする六勝寺があいついで建立され，院御所も設けられるなど，院権力の拠点として
都市化が進んだ。白河上皇，鳥羽上皇，後白河上皇はいずれも院政をおこなうとともに，
3)
仏教に帰依して，大寺院の造営や盛大な法会をおこなった。

2. 中世になると大規模な宮都建設はなくなったが，人口の増加や住宅事情の改善に伴い，
建築材や薪炭などの燃料材が必要となり，都市の周辺地域では山林の伐採が続いた。武
士によって幕府がひらかれた鎌倉では，多くの寺社や個人の邸宅が建てられ，莫大な量
の木材が必要となった。13世紀までに鎌倉が大きな都市に発展すると，それに比例して
4)
燃料の需要が増加し，薪炭価格も高騰した。このため幕府は1253年に鎌倉で売買する薪
炭などの価格を定めた。朝廷では，鎌倉4代将軍藤原頼経の父である（　ニ　）が主導
権を握り，四条天皇を皇位につけて権勢をふるったが，頼経が帰京するとその権威は衰

えた。そして後嵯峨天皇が即位したのち，鎌倉幕府との関係も安定した。
　　　　　5)
　巨大な寺院はそののちも建設され続けた。たとえば13世紀末には（　ホ　）の主要な
伽藍が整った。（　ホ　）は，足利尊氏の帰依を受けて天龍寺をひらいた（　ヘ　）が
14世紀前半に居住したことでも知られ，そののち京都五山の上の別格とされた。これは
足利義満が相国寺を京都五山の第一とするための措置であった。しかし応仁の乱で
（　ホ　）の伽藍はことごとく焼失した。

3．織田信長の死後，豊臣秀吉が天下を平定し，続けて江戸幕府による支配が固まるまで，
　天下人による大規模な建設事業が継続し，城郭や城下町，寺社その他の建物が整備・建
　　　　　　　　　　　　　　　　　　　　　　　　　　　6)
　築されることで，森林消失が加速した。各地の大名家も，城郭や城下町などの整備を急
　　　　　　　　　　　　　　　　　　7)
　速に進めた。なかでも最大の城下町として発展したのが江戸である。江戸は18世紀初め
　には，人口が100万人を超える巨大都市となった。天明の飢饉などの影響で，各地で百
　姓一揆が頻発するなか，江戸でも生活が苦しくなった下層民を中心に打ちこわしがおこ
　った。この直後に松平定信が老中に就任し，寛政の改革を断行する。のちに『解体新書』
　を翻訳した経緯を記した『（　ト　）』を著す杉田玄白が，『後見草』という書物に，江戸
　の打ちこわしと寛政の改革とは関連すると記しているように，松平定信は改革にあたっ
　て，打ちこわしを未然に防ぐため，都市で生活する民衆への対策を重視せざるを得なか
　った。天保の改革でも，民衆に対してきびしい倹約と風俗統制などが命じられたが，老
　中水野忠邦が上知令を出した結果，民衆や諸大名，旗本の強い抵抗に直面して失脚する
　　　　　　　8)
　ことで，都市政策を含めた改革は挫折した。
　　都市が発展していく過程で木材を供給し続けた村々の側に目を向けると，『大学或問』
　を著したことで知られる（　チ　）が自身の著作のなかで森林の荒廃を危惧したように，
　すでに17世紀には山林資源の枯渇が国家的な課題となっていた。（　チ　）は伐木の中
　止とともに，造林，あるいは計画的な伐採の必要性を主張した。18世紀前半に，飛騨国
　の幕領代官が国内での植林政策を命じたことは，こうした資源の枯渇に対する対応とし
　ては早い時期のものである。しかし各地では山奥に至るまで山林の伐採が続いた。屈指
　の豪雪地帯として知られる秋山郷でも，近世には人里近くから山林が消失したという。
　秋山郷は，越後国塩沢宿の商人である鈴木牧之が『秋山記行』や，雪国の自然や生活を
　記した『（　リ　）』という著作のなかで初めて紹介した秘境であった。『江戸生艶気樺焼』
　という黄表紙の作者で，寛政の改革で処罰された（　ヌ　）に，鈴木は原稿の添削を依
　頼した上でこの著作を出版しようと試みたがうまくいかず，そののち，曲亭馬琴と
　『（　リ　）』の出版をめぐって揉めることになった。

A．文中の空所(イ)～(ヌ)それぞれにあてはまる適当な語句をしるせ。

B．文中の下線部1)～8)にそれぞれ対応する次の問1～8に答えよ。

1．ここに残された美術作品に関する次の文 i・ii について，その記述の正誤の組み合わせとして正しいのはどれか。下記の a～d から1つ選び，その記号をマークせよ。

   i．須弥壇中央に安置された法隆寺金堂釈迦三尊像は，鞍作鳥の作と伝わり，中国南朝様式の影響を受けた乾漆像である

   ii．透彫の金具の下に玉虫の羽が飾られ，側面に仏教説話の絵画が描かれた黒漆塗りの玉虫厨子は，仏像や経典を納めるためのものであった

    a．i：正　　　ii：正　　　　b．i：正　　　ii：誤

    c．i：誤　　　ii：正　　　　d．i：誤　　　ii：誤

2．これに関する記述として正しいのはどれか。次の a～d から1つ選び，その記号をマークせよ。

    a．藤原京には，大官大寺や薬師寺などの官立の大寺院が建立された

    b．藤原京の北端である一条北大路に接して，藤原宮が配置された

    c．平城京の左京には，唐招提寺や西大寺が建立された

    d．平城京の東に張り出した外京の内部に，東大寺と春日神社が建立された

3．この時期に関する次の文 i・ii について，その記述の正誤の組み合わせとして正しいのはどれか。下記の a～d から1つ選び，その記号をマークせよ。

   i．院近臣と呼ばれた国司層などは，国司の任期延長や再任と引きかえに，寺院や内裏の造営を請け負わされた

   ii．上級貴族に知行国主として一国の支配権を与え，その国からの収益を取得させる制度が広まった

    a．i：正　　　ii：正　　　　b．i：正　　　ii：誤

    c．i：誤　　　ii：正　　　　d．i：誤　　　ii：誤

4．この時期に起きた次の出来事 a～d のうち，もっとも古いものを解答欄の i に，次に古いものを ii に，以下同じように iv まで年代順にマークせよ。

    a．安達泰盛が御内人を代表する内管領平頼綱に滅ぼされた

    b．御家人の訴訟を専門に扱う引付が設置された

    c．博多湾沿岸に石築地をきずくように，九州各地の御家人が命じられた

    d．北条時房が執権を補佐する連署に任命された

5．これが上皇になったのちにおこなったことに関する記述として正しいのはどれか。次の a～d から1つ選び，その記号をマークせよ。

　　　　a．亀山天皇に，弟である後深草天皇への譲位をおこなわせた

　　　　b．幕府の要請により，5人からなる院評定衆を設置した

　　　　c．藤原定家らに命じて，『新古今和歌集』を編纂させた

　　　　d．蓮華王院を造営し，本堂に1001体の千手観音像を安置した

6．これに関する記述として正しいのはどれか。次のa〜dから1つ選び，その記号を
　　マークせよ。

　　　　a．大徳寺唐門は，織田信長が建立した聚楽第の遺構と伝わる

　　　　b．都久夫須麻神社本殿は，伏見城内の殿舎を移建したものと伝わる

　　　　c．西本願寺飛雲閣は，豊臣秀吉が建立した大坂城の遺構と伝わる

　　　　d．妙喜庵待庵は，豊臣秀吉の命を受けた武野紹鷗の設計によると伝わる

7．これに関する記述として正しくないのはどれか。次のa〜dから1つ選び，その記
　　号をマークせよ。

　　　　a．会津藩主松平容保は，京都の治安維持にあたる京都守護職に任命された

　　　　b．秋田藩主松平治郷は，藩校明徳館を設立し名君と評された

　　　　c．佐賀藩主鍋島直正は，均田制を実施して本百姓体制の再建をはかった

　　　　d．米沢藩主上杉治憲は，縮織などの専売制を実施した

8．これの具体的な政策内容と目的について70字以内で説明せよ。

Ⅱ．次の文1〜3を読み，下記の設問A・Bに答えよ。解答は解答用紙の所定欄にしるせ。

1．幕末以来，幕府が設けた洋学の教育・翻訳機関である蕃書調所で外国新聞の翻訳がお
　　　　　　　　　　　　　　　　　　　　　　　　　　1)
こなわれていたが，1870年に最初の日刊紙である『横浜毎日新聞』が創刊されて以後，
各種の新聞や雑誌がつぎつぎと創刊された。

　1874年，民撰議院設立の建白書が左院に提出され，政府官僚の専断の弊害を批判して
天下の公論に基づく政治をおこなうための国会の設立を求めた。これは新聞で特報され，
　　　　　　　　　　　　　　　　　　　　　　　　　　　　　　　　　　2)
自由民権運動の口火となった。その翌年の1875年には，各地の不平士族が大阪に集まり，
　　　　　　　　　　　　　　　　　3)
民権派の全国組織をめざして（　イ　）が創立され，新聞や雑誌で活発に政府を攻撃し
た。

　このののちも，新聞や雑誌を通した言論活動は活発に展開した。1882年の壬午軍乱，お
よび1884年の甲申事変を経て清国・朝鮮に対する日本の世論が険悪になるなか，福沢諭
吉は，みずから創刊した新聞である『（　ロ　）』に「亜細亜東方の悪友を謝絶」せよと
説く「脱亜論」などの論説を1885年に掲載した。さらに，井上馨による条約改正交渉に
おいて，欧化主義が政府の主導によってさかんになると，その極端な西洋崇拝に反発す
　　　　　　　　　　　　　　　　　　　　　　　　　　4)
る思想が登場した。

　そして，日清・日露戦争の報道は新聞・雑誌の発行部数の拡大に貢献した。とりわけ
日露開戦をめぐっては，新聞・雑誌が論争の舞台となり，『万朝報』が主戦論をとなえた。
また，開戦後には，（　ハ　）が「君死にたまふこと勿れ」とうたう詩を雑誌『明星』に
発表し，戦争に疑問を投げかけた。

　一方，明治期の新聞・雑誌では，産業革命期の労働者が置かれた悲惨な状態もさかん
に報じられた。1888年に政教社の機関誌『（　ニ　）』が，三菱高島炭鉱の納屋制度に
よる労働者虐待をとりあげ，大きな反響を呼んだ。女性の労働については，（　ホ　）の
著した『あゝ野麦峠』など，のちに刊行された様々な作品が，その苛酷な実態を伝えて
いる。

2．文明開化のなか，西洋の考え方を表現するために新しい文体が必要となり，（　ヘ　）
が著した『浮雲』をはじめ，言文一致の口語体で書かれた作品が受け入れられていった。
新たな活字文化や情報文化が普及した大正期にかけては，マス＝メディアが急速に発達
　　　　　　　　　　　　　　　　　　　5)
を遂げた。

　欧米諸国の様々な思想や文学もマス＝メディアを通して広く紹介され，『東洋経済新報』
　　　　　　　　　　　　　　　　　　　　　　　　　　　　　　　　　　　6)
などで急進的自由主義が主張される一方，新聞や大衆雑誌に掲載された小説が，大衆文
　　　　　　　　　　　　　　　　　　　　　　　　　　　　　　　7)

学として人気を博した。また，大正末期から昭和の初めにかけて，社会主義運動・労働運動の高揚にともなって，プロレタリア文学運動がおこり，労働者の生活に根ざした作品が数多く生まれた。だが，1930年代前半の社会主義弾圧のなかで，プロレタリア文学は衰退していった。
₈₎

そののち，戦争の拡大にともなって，言論統制もきびしさを増した。1938年には（　ト　）法が制定され，政府は，議会の承認なしに，労働力・物資・出版など国民生活の全体にわたって統制する権限を得た。

3．1945年8月15日，昭和天皇は戦争終結を全国民に発表した。戦後，GHQは，思想や言論に関しても様々な規則や指令・勧告を発した。その一方で，苦しい生活を忘れさせる明るくのびやかな大衆文化が広まり，そのなかで，映画は娯楽の中心となった。

1953年からはテレビ放送が始まった。1960年代半ばには，白黒テレビの普及率は90パーセントに達した。また，カラーテレビは，1964年の東京オリンピックをきっかけに普及しはじめ，1970年代半ばには，普及率が90パーセントをこえた。テレビ放送は日常生活に欠かせないものとなり，映画産業の衰退をまねいた。

だが，やがてテレビも，新しいメディアやテクノロジーにとってかわられるのかもしれない。1995年には，アメリカのマイクロソフト社から「ウィンドウズ95」が発売され，インターネット時代の幕開けとなった。

A．文中の空所（イ）〜（ト）それぞれにあてはまる適当な語句をしるせ。

B．文中の下線部1）〜13）にそれぞれ対応する次の問1〜13に答えよ。

1．この前身となる蛮書和解御用の設立を建議した人物で，のちにシーボルト事件に連座して獄死したのは誰か。その名をしるせ。

2．「民撰議院設立の建白書」を最初に掲載したこの新聞は何か。その名をしるせ。

3．民権運動の高まりを受けて，この年に政府が打ち出した施策として正しくないのはどれか。次のa〜dから1つ選び，その記号をマークせよ。

　a．讒謗律・新聞紙条例を制定した

　b．集会条例を定めて，政社の活動を制限した

　c．漸次立憲政体樹立の詔が出され，大審院と元老院が設けられた

　d．第1回地方官会議が開かれた

4．これに関する次の文 i・ii について，その記述の正誤の組み合わせとして正しいの

はどれか。下記のａ～ｄから１つ選び，その記号をマークせよ。

 ｉ．高山樗牛は，雑誌『太陽』で日本主義をとなえて日本の大陸進出を肯定した

 ｉｉ．田口卯吉は，新聞『日本』で日本の自主独立を説く国民主義をとなえた

  ａ．ｉ：正　ｉｉ：正　 ｂ．ｉ：正　ｉｉ：誤

  ｃ．ｉ：誤　ｉｉ：正　 ｄ．ｉ：誤　ｉｉ：誤

5．この時期の出来事ｉ～ｉｉｉについて，もっとも古いものから年代順に並んでいる組み合わせはどれか。下記のａ～ｆから１つ選び，その記号をマークせよ。

 ｉ．児童文芸雑誌『赤い鳥』が創刊された

 ｉｉ．築地小劇場が創設された

 ｉｉｉ．東京・大阪・名古屋でラジオ放送が開始された

  ａ．ｉ→ｉｉ→ｉｉｉ　 ｂ．ｉ→ｉｉｉ→ｉｉ　 ｃ．ｉｉ→ｉ→ｉｉｉ

  ｄ．ｉｉ→ｉｉｉ→ｉ　 ｅ．ｉｉｉ→ｉ→ｉｉ　 ｆ．ｉｉｉ→ｉｉ→ｉ

6．これの記者で，植民地の放棄や平和的な経済発展を主張し，のちに鳩山一郎の後継として首相をつとめたのは誰か。その名をしるせ。

7．これに関して正しいのはどれか。次のａ～ｄから１つ選び，その記号をマークせよ。

 ａ．芥川龍之介が『蠅』を著した

 ｂ．江戸川乱歩が『機械』を著した

 ｃ．中里介山が『大菩薩峠』を著した

 ｄ．横光利一が『刺青』を著した

8．これに関する記述として正しいのはどれか。次のａ～ｄから１つ選び，その記号をマークせよ。

 ａ．1921年に結成された平民社が『種蒔く人』を創刊した

 ｂ．1928年に結成された全日本無産者芸術連盟が『戦旗』を創刊した

 ｃ．徳永直が『海に生くる人々』を著した

 ｄ．葉山嘉樹が『蟹工船』を著した

9．これに関する次の文中の空所〈あ〉・〈い〉それぞれに当てはまる語句の組み合わせとして正しいのはどれか。下記のａ～ｄから１つ選び，その記号をマークせよ。

 ポツダム宣言受諾決定の翌日，昭和天皇は＜　あ　＞で国民に戦争終結を告げた。そののち総辞職した鈴木貫太郎内閣に代わって＜　い　＞が組閣した。

  ａ．〈あ〉：新聞　 〈い〉：幣原喜重郎

  ｂ．〈あ〉：新聞　 〈い〉：東久邇宮稔彦

  ｃ．〈あ〉：ラジオ放送　 〈い〉：幣原喜重郎

  ｄ．〈あ〉：ラジオ放送　 〈い〉：東久邇宮稔彦

10. これに関する次の文 i・ii について，その記述の正誤の組み合わせとして正しいの
　　はどれか。下記の a〜d から1つ選び，その記号をマークせよ。
　　i．人権指令を発令し，「現御神」としての天皇の神格を否定した
　　ii．占領軍に対する批判は禁止され，出版物は事前検閲がおこなわれた
　　　a．i：正　ii：正　　　　　　　　b．i：正　ii：誤
　　　c．i：誤　ii：正　　　　　　　　d．i：誤　ii：誤

11. これに関する次の文中の空所〈う〉・〈え〉それぞれに当てはまる語句の組み合わせと
　　して正しいのはどれか。下記の a〜d から1つ選び，その記号をマークせよ。
　　　1951年に，ベネチア国際映画祭で＜　う　＞監督による『＜　え　＞』がグランプ
　　リ（金獅子賞）を受賞した。
　　　a．〈う〉：小津安二郎　　　　　〈え〉：東京物語
　　　b．〈う〉：小津安二郎　　　　　〈え〉：羅生門
　　　c．〈う〉：黒澤明　　　　　　　〈え〉：東京物語
　　　d．〈う〉：黒澤明　　　　　　　〈え〉：羅生門

12. この年代に関する次の出来事 a〜d のうち，もっとも古いものを解答欄の i に，次
　　に古いものを ii に，以下同じように iv まで年代順にマークせよ。
　　　a．田中角栄がロッキード事件で逮捕された
　　　b．日中共同声明が発表され，日中国交正常化が実現した
　　　c．日中平和友好条約が結ばれた
　　　d．三木武夫が内閣総理大臣に就任した

13. この年の出来事として正しいのはどれか。次の a〜d から1つ選び，その記号をマ
　　ークせよ。
　　　a．イラク復興支援特別措置法が制定された
　　　b．小泉純一郎が構造改革を掲げて内閣を組織した
　　　c．消費税が創設された
　　　d．阪神淡路大震災が発生した

解答　日本史

Ⅰ　**解答**　**A. イ.** 三経義疏　**ロ.** 朱雀大路　**ハ.** 法勝寺
ニ. 九条道家　**ホ.** 南禅寺　**ヘ.** 夢窓疎石
ト. 蘭学事始　**チ.** 熊沢蕃山　**リ.** 北越雪譜　**ヌ.** 山東京伝
B.　1－c　**2**－a　**3**－a　**4.** ⅰ－d　ⅱ－b　ⅲ－c　ⅳ－a
5－b　**6**－b　**7**－b
8. 江戸・大坂周辺地を幕府の直轄領として，当該の大名・旗本に代替地
を用意するという政策で，幕府の経済的基盤の再建や対外防備の強化を目
的とした。（70 字以内）

===== 解　説 =====

《古代～近世の都市建築》
A. ロ.「（　ロ　）という道路を中軸に，左京と右京とにわかれていた」
との記述から，朱雀大路と判断できる。
ハ. 京都岡崎の地に建立された六勝寺のうち，白河院によって建立された
法勝寺は頻出事項であるので確認しておきたい。
ニ. やや難問。鎌倉 4 代将軍藤原頼経の父親は九条道家である。教科書の
系図などに掲載されることもあるが，解答にはやや詳細な知識が必要とな
る。
ホ. 室町時代に「京都五山の上の別格とされた」との記述から，南禅寺と
判断できる。
ト. やや難問。杉田玄白の『蘭学事始』については，教科書に頻出する事
項ではあるが，表中にのみ言及されている場合もあり，丁寧な学習が必要
である。
リ. 俳人の鈴木牧之が著した『北越雪譜』は頻出事項であるが，俳句集で
はなく随筆であることも確認しておきたい。
B.　1. c が正解。ⅰ. 誤文。法隆寺金堂釈迦三尊像は北魏様式の金銅像
である。ⅱ. 正文。
2. やや難問。a. 正文。b. 誤文。藤原宮は藤原京の中央に位置する。
c. 誤文。唐招提寺や西大寺は平城京右京に位置する。d. 誤文。東大寺

や春日神社は平城京外京の外に位置する。ａはやや詳細な知識であるため，消去法で解答したいが，藤原京図や平城京図を理解しておく必要がある。
3. ａが正解。ⅰ・ⅱ．正文。院政期における院の経済的基盤である成功・重任，知行国制度は頻出事項である。
4. ｄ．連署の設置（1225年）→ｂ．引付の設置（1249年）→ｃ．石築地の築造（1276年）→ａ．霜月騒動（1285年）の順である。それぞれ北条泰時→北条時頼→北条時宗→北条貞時の時期の出来事であり，執権の事績は頻出事項である。
5. ｂが正文。ａ．誤文。兄である後深草天皇から弟である亀山天皇へと譲位した。ｃ．誤文。『新古今和歌集』の編纂を命じたのは後鳥羽上皇である。ｄ．誤文。蓮華王院は後白河上皇が平清盛に命じてつくらせた。
6. ｂが正文。ａ・ｃ．誤文。西本願寺飛雲閣は豊臣秀吉が建立した聚楽第の遺構である。ｄ．誤文。妙喜庵待庵は千利休の設計と伝わる。
7. ｂが誤文。秋田藩主で明徳館を設立したのは佐竹義和である。松江藩主である松平治郷は受験生にとってなじみの薄い人物であろうが，熊本藩主の細川重賢，米沢藩主の上杉治憲など江戸中期の藩政改革を実施した君主は頻出事項であるので，確認しておこう。
8. 水野忠邦による上知令の具体的政策内容と目的について説明させる問題。問われている事柄が政策内容と目的であるので，〔解答〕では上知令が出された社会的背景や結果については言及しなかった。なお，70字以内の文字数が求められているので，代替地について言及したが，目的について具体的に言及してもよいだろう。

 **解答**　**Ａ．イ．** 愛国社　**ロ．** 時事新報　**ハ．** 与謝野晶子
ニ． 日本人　**ホ．** 山本茂実　**ヘ．** 二葉亭四迷
ト． 国家総動員
Ｂ．1. 高橋景保　**2.** 日新真事誌　**3**－ｂ　**4**－ｂ　**5**－ａ
6. 石橋湛山　**7**－ｃ　**8**－ｂ　**9**－ｄ　**10**－ｃ　**11**－ｄ
12. ⅰ－ｂ　ⅱ－ｄ　ⅲ－ａ　ⅳ－ｃ　**13**－ｄ

解説

《近代のメディア》
Ａ．イ． 政社として立志社などもあるが，「大阪に集まり，民権派の全国

2024年度　2月12日　日本史

組織をめざして」とあることから，愛国社と判断できる。

二． 同じく近代的民族主義を主張する，政教社の三宅雪嶺による雑誌『日本人』と陸羯南による新聞『日本』は混同しやすいので注意しよう。

ホ． やや難問。『あゝ野麦峠』の著者は山本茂実である。教科書によってはコラムに記載される場合もあるので，教科書の丁寧な学習が必要である。

ヘ． 言文一致体で書かれた『浮雲』は二葉亭四迷の著作である。小説論の坪内逍遥による『小説神髄』と混同しやすいので注意しよう。

ト． 日中戦争における経済統制は様々あるが，「議会の承認なしに，労働力・物資」を「統制」できるものであるため，国家総動員法と確定できる。

B．1． やや難問。蛮書和解御用の設立を建議したのは高橋景保である。解答には教科書の注記レベルの知識が必要となる。

2． 民撰議院設立の建白書はブラックが創刊した『日新真事誌』に掲載された。漢字に注意しよう。

3． bが不適。集会条例は国会期成同盟の結成（1880年）を受けて出されたものである。a・c・dは適当。1875年の自由民権運動の隆盛を受けて大阪会議が開催され，漸次立憲政体樹立の詔によって大審院・元老院・地方官会議が設置される一方で，讒謗律・新聞紙条例が制定された。民権派の動きと政府の対応については頻出事項であるので確認しておこう。

4． bが正解。ⅰ．正文。ⅱ．誤文。新聞『日本』で国民主義（近代的民族主義）を唱えたのは陸羯南である。なお，田口卯吉は『日本開化小史』で文明史論を展開した。

5． やや難問。aが正解。ⅰ．『赤い鳥』創刊（1918年）→ⅱ．築地小劇場の創設（1924年）→ⅲ．ラジオ放送開始（1925年）の順である。いずれも大正時代の大衆文化に関する事柄であり，ラジオ放送の開始など頻出事項も含まれるが，時系列で並べるためには教科書による丁寧な学習が必要である。

6． 石橋湛山が正解。石橋湛山は『東洋経済新報』の中で，「小日本主義」などを主張した。戦後の総理大臣として有名だが，大正デモクラシー期の言論活動も頻出事項である。

7． cが正解。a・b．誤文。『蠅』『機械』の著者は横光利一である。d．誤文。『刺青』の著者は谷崎潤一郎である。

8． bが正解。a．誤文。『種蒔く人』は小牧近江ら同人が発行したプロ

レタリア文学の雑誌である。平民社は日露戦争反対を唱える『平民新聞』を発行した。c．誤文。『海に生くる人々』は葉山嘉樹の著作である。d．誤文。『蟹工船』は小林多喜二の著作である。全日本無産者芸術連盟による『戦旗』の創刊については，受験生にとってなじみの薄い知識であろうが，消去法で判断しよう。

9 ． dが正解。〈あ〉にはラジオ放送が入る。終戦の詔勅は 8 月 15 日付けの新聞にも掲載されており，新聞が入る可能性もあるが，設問に「国民に戦争終結を告げた」とあり，教科書にも「天皇はラジオで戦争終結を告げた」と記載されることから，昭和天皇による「玉音放送」と判断したい。〈い〉には東久邇宮稔彦が入る。鈴木貫太郎内閣→東久邇宮稔彦内閣→幣原喜重郎内閣などの終戦前後の内閣の推移は頻出事項であるので確認しておこう。

10. cが正解。ⅰ．誤文。天皇が神格を否定したのは「人間宣言」（1946年）である。GHQ による人権指令では，天皇制批判の自由が認められた。ⅱ．正文。GHQ によるプレス=コードを指す。

11. dが正解。〈う〉には黒澤明，〈え〉には羅生門が入る。黒澤明の作品である羅生門は，教科書に言及されていない場合もあるが，図録などで確認しておきたい。

12. b．日中共同声明の発表（1972 年）→ d．三木武夫の組閣（1974 年）→ a．ロッキード事件（1976 年）→ c．日中平和友好条約締結（1978 年）の順である。日中共同声明は田中角栄内閣の時期，田中内閣の退陣後にロッキード事件が起こり，田中前首相が逮捕され，福田赳夫内閣の時期に日中平和友好条約が締結されるなど，時系列で確認しておきたい。

13. dが正解。阪神淡路大震災が発生したのは，村山富市内閣の時期である。a．誤文。イラク復興支援特別措置法（2003 年）は小泉純一郎内閣の時期である。b．誤文。小泉純一郎による組閣は 2001 年である。c．誤文。消費税の創設（1989 年）は竹下登内閣の時期である。内閣総理大臣の事績については確認しておきたい。

2月13日実施分　問題　日本史

（60分）

Ⅰ．次の文1～5を読み，下記の設問A～Cに答えよ。解答は解答用紙の所定欄にしるせ（引用した史料が漢文である場合には読み下し文を作り，漢字は適宜新字体に改めた）。

1．「倭人は（　イ　）の東南大海の中に在り，山島に依りて国邑を為す。旧百余国。漢の時朝見する者有り。今，使訳通ずる所三十国。郡より倭に至るには，海岸に循ひて水行し，韓国を歴て，乍は南し乍は東し，其の北岸狗邪韓国に到る七千余里。始めて一海を度る千余里。対馬国に至る。（中略）亦南一海を渡る千余里，名づけて瀚海と曰ふ。一大国に至る。（中略）亦一海を渡る千余里，末盧国に至る。（中略）東南陸行五百里にして，伊都国に到る。（中略）東南奴国に至る百里。（中略）東行不弥国に至る百里。南，投馬国に至る水行二十日。（中略）南，邪馬壹国に至る，女王の都する所なり。（中略）景初二年六月，倭の女王，大夫（　ロ　）等を遣し郡に詣り，天子に詣りて朝献せんことを求む。太守劉夏，吏を遣し，将て送りて京都に詣らしむ。其の年十二月，詔書して倭の女王に報じて曰く，『（中略）今汝を以て（　ハ　）王と為し，金印紫綬を仮し，装封して（　イ　）の大守に付し仮授せしむ』」。　　　陳寿著　「魏志」倭人伝

2．「治承四年ミナ月ノ比，ニハカニ都遷リ侍リキ。イト思ヒノ外也シ事ナリ。（中略）サレド，トカク言フカヒナクテ，帝ヨリ始メタテマツリテ，大臣・公卿，ミナ悉クウツロヒ給ヒヌ。世ニ仕フルホドノ人，誰カ一人フルサトニ残リ居ラム。（中略）ソノ時，自ヅカラ事ノタヨリアリテ，摂津国ノ今ノ京ニイタレリ。所ノアリサマヲ見ルニ，南ハ海チカクテ下レリ。波ノ音ツネニカマビスシク，塩風コトニハゲシ。内裏ハ山ノ中ナレバ，彼ノ木ノ丸殿モカクヤト，ナカナカ様カハリテ，優ナルカタモハベリ。日々ニ壊チ，河モ狭ニ運ビクダス家，イヅクニ作レルニカアルラム。ナヲ，ムナシキ地ハオホク，ツクレル屋ハスクナシ。古京ハスデニ荒テ，新都ハイマダ成ラズ。（中略）世ノ乱ル瑞相トカ聞ケルモ著ク，日ヲ経ツ，世中浮キタチテ，人ノ心モ収マラズ，民ノウレヘ終ニ空シカラザリケレバ，同ジキ年ノ冬，ナヲ，コノ京ニ帰リ給ニキ。サレド，壊チ渡セリシ家ドモハ，イカニナリニケルニカ，悉クモトノ様ニシモ作ラズ。伝ヘ聞ク，イニシヘノ賢キ御世ニハ，アハレミヲ以テ国ヲ治メ給フ。スナハチ，殿ニ茅フキテ，ソノ簷ヲダニ

トノヘズ，煙ノ乏シキヲ見給フ時ハ，カギリアル貢物ヲサヘ免サレキ。是，民ヲメグ
ミ，世ヲタスケ給フニヨリテナリ。今ノ世ノアリサマ，昔ニナゾラヘテ知リヌベシ」。

（　ニ　）著　『方丈記』

3.「朕祗みて上玄を奉けたまはりて，宇内に君として臨めり。菲薄き徳を以て，紫宮
の尊きに処る。常に以為へらく，『之を作す者は労し，之に居るは逸し』とおもへり。
遷都の事，必ずとすること違あらず。而るに王公大臣咸言さく，『往古より已降，近き
代に至るまでに，日を揆り星を瞻し，宮室の基を起し，世をト土を相て，帝皇の邑を
建つ。定斯の基永く固く，無窮の業斯に在り』とまうす。衆議忍び難く，詞情深く切な
り。然して京師は，百官の府にして，四海の帰る所なり。唯朕一人，独逸しび豫び，苟
も物に利あらば，其れ遠かるべけむや」。

菅野真道等編　『続日本紀』和銅元年2月15日条

4.「口遊。去年八月二条河原落書云々。元年歟。
此比都ニハヤル物。夜討，強盗，謀（　ホ　）。召人，早馬，虚騒動。生頸，還俗，自
由出家。俄大名，迷者，安堵，恩賞，虚軍。本領ハナルヽ訴訟人。文書入タル細葛。
追従，讒人，禅律僧。下克上スル成出者。器用ノ堪否沙汰モナク。モルヽ人ナキ決断所。
キツケヌ冠上ノキヌ。持モナラハヌ笏持テ。内裏マジハリ珍シヤ」。

編者不詳　『建武年間記』

5.「(延暦十三年十月丁卯) 都を遷す。詔して曰く，云々。葛野の大宮の地は，山川も
麗しく，四方の国の百姓の参出来る事も便にして云々。(中略)（十一月）丁丑，詔す
らく，云々。山勢実に前聞に合ふ，云々。此の国は山河襟帯して，自然に城を作す。斯
の形勝に因りて新号を制すべし。宜しく山背国を改めて（　ヘ　）国と為すべし。又，
子来の民，謳歌の輩，異口同辞，号して平安京と曰ふ」。　　編者不詳　『日本紀略』

A．文中の空所(イ)〜(ヘ)それぞれにあてはまる適当な語句をしるせ。

B．文中の下線部＿＿1)〜10)にそれぞれ対応する次の問1〜10に答えよ。解答はそれぞ
れ対応するa〜dから1つずつ選び，その記号をマークせよ。
　1．弥生時代の集落跡が確認された山辺遺跡周辺が，「魏志」倭人伝に記載された対馬
　　国の中心地として有力視されている。それの位置はどれか。

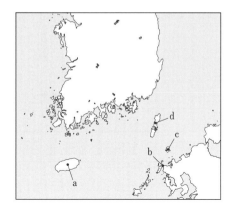

2．この年に最も近い時期に作られた建築・美術作品はどれか。

a.

b.

c.

©01103AA

d.

編集部注：写真ｃは，著作権の都合上，類似の写真と差し替えています。

3．この遷都を主導した人物を批判して，九条兼実は日記に「天魔」と記した。その日記はどれか。

　a．『玉葉』　　　　　b．『小右記』　　　　c．『土佐日記』　　　　d．『御堂関白記』

4．これはどれか。

　a．安徳天皇　　　　b．後白河天皇　　　　c．後鳥羽天皇　　　　d．土御門天皇

5．この位置はどれか。

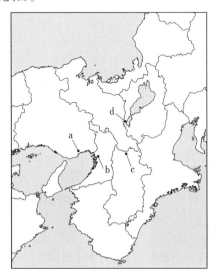

6．これに関連して，『十訓抄』には「筑前国上座郡朝倉といふ処の山中に黒木の屋を造りおはしけるを木の丸殿といふ。丸木にて造るゆえなり」とある。「筑前国上座郡朝倉」宮とは，660年に百済が滅亡した後，百済復興支援のために倭（日本）が派兵する際に急遽つくられた当時の天皇の居所である。この天皇はどれか。

　a．斉明天皇　　　　b．持統天皇　　　　c．天智天皇　　　　d．天武天皇

7．新京の京内には住民に宅地が割り当てられた。1988年に平城京左京三条二坊八坪東辺地下2mのところで幅約3m，長さ28mの溝が発掘され，4万点に及ぶ木簡から「長屋親王」の文字が入った木簡が発見された。それらは長屋王邸内のゴミで，左京三条二坊に長屋王邸があったことが確実となった。長屋王邸の場所はどれか。

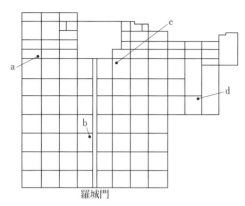

羅城門

8. これは鴨川の河原に掲げられたとされるが，それはいつか。

　　a．1324年　　　　　b．1334年　　　　　c．1338年　　　　　d．1350年

9. これは鎌倉幕府の引付を受け継いだ雑訴決断所を指すが，何を担当したか。

　　a．恩賞関係の事務　b．御家人の統制　c．所領関係の裁判　d．都の警備

10. 平安時代の摂関家の邸宅が，図のように復元されている。この邸宅のあった場所は
　　どれか。

国立歴史民俗博物館所蔵

図

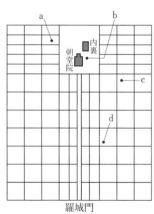

羅城門

C．文中の下線部　　1）～4）にそれぞれ対応する次の問1～4に答えよ。

　1. この説話は『古事記』や『日本書紀』にも記されており，それをふまえて『新古今
　　和歌集』には「高き屋にのぼりて見れば煙たつ民のかまどはにぎはひにけり」という
　　和歌が収録されている。大阪府・百舌鳥古墳群の大仙陵古墳の被葬者との伝えもある，
　　この説話の主人公は誰か。その名をしるせ。

　　2．この人物のもとで2年後に遷都が行われた。これは誰か。その名をしるせ。

　　3．東北地方での戦いと平安京の造営という二大政策の継続を主張したこれに反対し，
　　　　徳政論争（相論）と呼ばれる議論を行ったのは誰か。その名をしるせ。

　　4．この遷都以前の784年にも遷都が行われた。しかしその新都造営を主導した人物が
　　　　暗殺され，造営は頓挫した。暗殺された人物は誰か。その名をしるせ。

Ⅱ．次の文1〜5を読み，下記の設問A・Bに答えよ。解答は解答用紙の所定欄にしるせ。

1．江戸時代には出版物が普及し，文化・文政期には民衆文化が成熟した。滑稽さや笑い
　をもとに，庶民の生活をいきいきと描いた滑稽本がさかんになり，（　イ　）が著した『東
　海道中膝栗毛』などが人気を得た。また，恋愛ものを扱った人情本も庶民に受け入れら
　れた。これら絵入りの本に対し，文章主体の小説で歴史や伝説を題材にした読本も庶民
　から評判を得た。

2．明治政府は西洋諸国の例にならって，旧暦を廃して太陽暦を採用し，日曜日を休日と
　定めた。明治初期の国民生活には文明開化と呼ばれる新しい風潮が生じた。東京や開港
　場を中心に洋服の着用が官吏や巡査から民間に広まり，「（　ロ　）をたたいてみれば文
　明開化の音がする」とうたわれたように男性の髪型も変化した。この時期は活版印刷技
　術の発達に支えられて，日刊新聞や雑誌がつぎつぎと創刊された。

3．大正時代には，義務教育の普及による就学率の向上，ジャーナリズムの発達，工業化
　にともなう都市化などによって，一般勤労者を担い手とする大衆文化が登場した。1925
　年に始まったラジオ放送は，新聞とともにマス＝メディアの中心となった。新聞や雑誌
　の発行部数は飛躍的にのび，1920年代後半になると『現代日本文学全集』など1冊1円
　の（　ハ　）が登場して，低価格・大量出版の先駆けとなった。

4．敗戦直後に国民生活は危機に瀕し，大衆運動が高揚した。1945年末の労働組合法制定
　後，労働組合の結成が急増し，1946年に全国組織として右派の日本労働組合総同盟と左
　派の全日本産業別労働組合会議が結成された。1947年には2月1日を期してゼネラル＝
　ストライキが計画された。こうした大衆運動の高揚を背景に，1947年4月の総選挙では
　日本社会党が衆議院第一党となり，（　ニ　）を首班とする内閣が誕生した。

5. 高度経済成長期に，個人所得の増大と都市化の進展によって生活様式に著しい変化が
   ₁₁₎生じ，いわゆる大衆消費社会が形成された。家電製品や乗用車などの耐久消費財の普及
   とともに国民の消費生活は大きく変容した。テレビ視聴が娯楽の中心となり，乗用車は
   ₁₃₎交通手段の主力となって道路網の整備が進展した。この時期の文学では，純文学と大衆
   ₁₄₎文学のあいだの中間小説から多くのベストセラーが生み出された。
   ₁₅₎

A. 文中の空所(イ)～(ニ)それぞれにあてはまる適当な語句をしるせ。

B. 文中の下線部1)～15)にそれぞれ対応する次の問1～15に答えよ。

1. これの代表的作品『春色梅児誉美』の作者で，天保の改革で処罰された人物は誰か。
   その名をしるせ。

2. これの作品として正しいのはどれか。次のa～dから1つ選び，その記号をマーク
   せよ。
   a.『浮世風呂』   b.『金々先生栄華夢』
   c.『南総里見八犬伝』   d.『修紫田舎源氏』

3. これに関する次の文ⅰ・ⅱについて，その記述の正誤の組み合わせとして正しいの
   はどれか。下記のa～dから1つ選び，その記号をマークせよ。
   ⅰ. 旧暦も併用され，旧来の風俗・慣習が続く地域もあった
   ⅱ. 昼夜12時制を改めて1日24時間とした
   a. ⅰ：正 ⅱ：正   b. ⅰ：正 ⅱ：誤
   c. ⅰ：誤 ⅱ：正   d. ⅰ：誤 ⅱ：誤

4. これに関して，日本で鉛製活字の量産技術の導入に成功した人物は誰か。その名を
   しるせ。

5. これを確立するために明治政府が行った次の措置ⅰ～ⅲについて，もっとも古いも
   のから年代順に並んでいる組み合わせはどれか。下記のa～fから1つ選び，その記
   号をマークせよ。
   ⅰ. アメリカの制度をもとに教育令を公布した
   ⅱ. フランスなどの制度にならって学制を公布した
   ⅲ. 文部省を新設した
   a. ⅰ－ⅱ－ⅲ   b. ⅰ－ⅲ－ⅱ   c. ⅱ－ⅰ－ⅲ
   d. ⅱ－ⅲ－ⅰ   e. ⅲ－ⅰ－ⅱ   f. ⅲ－ⅱ－ⅰ

6. 1920年代のこれに関する次の文中の空所〈あ〉・〈い〉それぞれにあてはまる語句の組

み合わせとして正しいのはどれか。下記のa～dから1つ選び，その記号をマークせ
よ。

　　都心部から郊外に延びる鉄道沿線には新中間層向けの＜　あ　＞がつくられ，1924
年に設立された＜　い　＞は，東京・横浜にアパートを建設した。

　a．〈あ〉：ニュータウン　　　〈い〉：帝都復興院

　b．〈あ〉：ニュータウン　　　〈い〉：同潤会

　c．〈あ〉：文化住宅　　　　　〈い〉：帝都復興院

　d．〈あ〉：文化住宅　　　　　〈い〉：同潤会

7．1920年代後半のこれに関する記述として正しくないのはどれか。次のa～dから1
　つ選び，その記号をマークせよ。

　a．全国中等学校優勝野球大会の実況放送が人気を集めた

　b．東京六大学野球の実況放送が人気を集めた

　c．美空ひばりのうたう歌謡曲が人気を集めた

　d．放送開始翌年に日本放送協会が設立された

8．これと相まって，労働争議の予防や解決などを目的に1946年に制定された法律は何
　か。その名称をしるせ。

9．これに対立した労働組合が，ＧＨＱのあと押しで1950年に結成した全国組織は何か。
　その正式名称をしるせ。

10．これに関する記述として正しくないのはどれか。次のa～dから1つ選び，その記
　号をマークせよ。

　a．官公庁労働者が中心となって計画した

　b．計画が明らかになるとＧＨＱは日本政府に公職追放を発令した

　c．ストライキ突入前日にＧＨＱの命令で中止を余儀なくされた

　d．吉田内閣打倒をスローガンに掲げていた

11．この時期における農業および農家経営の変容について，次の2つの図に基づいて50
　字以内で説明せよ。

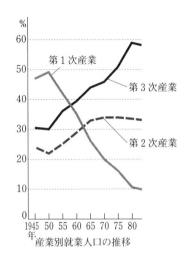

産業別就業人口の推移

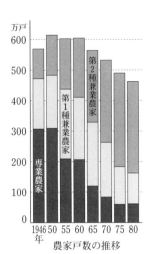

農家戸数の推移

12. これに関する次の図の空所〈う〉・〈え〉それぞれにあてはまる語句の組み合わせとして正しいのはどれか。下記のa～dから1つ選び，その記号をマークせよ。

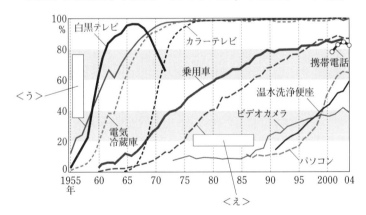

a．〈う〉：電気洗濯機　　〈え〉：電気掃除機

b．〈う〉：電気洗濯機　　〈え〉：ルームエアコン

c．〈う〉：電子レンジ　　〈え〉：電気掃除機

d．〈う〉：電子レンジ　　〈え〉：ルームエアコン

13. 高度経済成長期のこれに関する記述として正しくないのはどれか。次のa～dから1つ選び，その記号をマークせよ。

a．水泳選手の古橋広之進の活躍に国民が熱狂した

　　b．『鉄腕アトム』の主人公が子供たちの人気者となった

　　c．プロ野球が人気を集めて長嶋茂雄がスターとなった

　　d．プロレスが人気を集めて力道山がスターとなった

14．高度経済成長期のこれに関する次の文ⅰ・ⅱについて，その記述の正誤の組み合わ
　　せとして正しいのはどれか。下記のa〜dから1つ選び，その記号をマークせよ。

　　ⅰ．瀬戸大橋が開通し，本州・四国が陸路で結ばれた

　　ⅱ．名神高速道路に続いて東名高速道路が全通した

　　　　a．ⅰ：正　　ⅱ：正　　　　　　　　b．ⅰ：正　　ⅱ：誤

　　　　c．ⅰ：誤　　ⅱ：正　　　　　　　　d．ⅰ：誤　　ⅱ：誤

15．これに関する次の文中の空所〈お〉・〈か〉それぞれにあてはまる語句の組み合わせと
　　して正しいのはどれか。下記のa〜dから1つ選び，その記号をマークせよ。

　　　代表的作家および作品として，松本清張が著した＜　お　＞などの社会派推理小説
　　や，＜　か　＞が著した『竜馬がゆく』などの歴史小説がある。

　　a．〈お〉：『黒い雨』　　〈か〉：司馬遼太郎

　　b．〈お〉：『黒い雨』　　〈か〉：吉川英治

　　c．〈お〉：『点と線』　　〈か〉：司馬遼太郎

　　d．〈お〉：『点と線』　　〈か〉：吉川英治

解答　日本史

Ⅰ　解答

A. イ. 帯方　**ロ.** 難升米　**ハ.** 親魏倭　**ニ.** 鴨長明
ホ. 綸旨　**ヘ.** 山城

B. 1ー d　**2**ー a　**3**ー a　**4**ー a　**5**ー a　**6**ー a　**7**ー c　**8**ー b
9ー c　**10**ー c

C. 1. 仁徳天皇　**2.** 元明天皇　**3.** 藤原緒嗣　**4.** 藤原種継

===== 解　説 =====

《原始～中世の都》

A. イ. 帯方（郡）が該当する。漢の武帝が設置し、『漢書』地理志に登場する楽浪郡と混同しないように注意しよう。

ロ. 魏への朝貢使者は難升米である。教科書本文で言及されることは少ないが、「魏志」倭人伝は頻出史料であるため確認しておきたい。

ハ. 卑弥呼は「親魏倭王」に冊封され、金印紫綬と銅鏡100枚などを賜った。

ホ. 綸旨は天皇の命令を指す。後醍醐天皇は綸旨の発給によって政治を行っていった。天皇の命令は他にもあり、詔（詔勅）、宣旨などと混同しないようにしよう。

ヘ. 長岡京から平安京への遷都の際、奈良を視点とする「山背国」という名称から「山城国」に改められた。

B. 1. dが正解。対馬はdに位置する。なお、aは済州島、bは平戸、cは壱岐にあたる。

2. aが正解。aは『平家納経』で院政期の文化財である。「治承四年」は1180年にあたり、源平の争乱である治承・寿永の内乱などを想起して判断したい。なお、bは円覚寺舎利殿で鎌倉期、cは東大寺僧形八幡神像で鎌倉期、dは「天橋立図」で室町期（東山文化）の文化財である。

3. aが正解。九条兼実の日記は『玉葉』である。なお、『小右記』は藤原実資、『土佐日記』は紀貫之、『御堂関白記』は藤原道長の日記である。

4. aが正解。治承・寿永の内乱期において、遷都に関わる「帝」は安徳天皇である。後白河天皇はこの時点で上皇であるため「帝」ではない。こ

の年に誕生した後鳥羽天皇は，安徳天皇と平家が都落ちした後に即位する
ため，安徳天皇と判断できる。

5．ａが正解。「摂津国ノ今ノ京」であるので福原京と判断できる。福原
京は現在の神戸市に位置する。なお，ｂは難波宮，ｃは平城京，ｄは近江
大津宮にあたる。

6．ａが正解。白村江の戦いのために九州に遠征に出たのは斉明天皇（皇
極天皇重祚）である。天智天皇はこの段階では皇太子であるので判断でき
る。

7．ｃが正解。長屋王の邸宅は「左京」にあるので，右京に位置するａ・
ｂは消去できる。朱雀大路から平城宮に向かって，左側に右京，右側に左
京があり，これは頻出事項である。また，ｄは五条六坊となるので，ｃと
判断できる。条坊の具体的理解のためには平城京図などを丁寧に確認する
必要があるが，長屋王邸宅は著名であるので，確認しておきたい。

10．やや難問。ｃが正解。摂関家の邸宅を東三条殿という。東三条殿につ
いては，教科書によっては図のキャプションで言及されるものもあり，や
や詳細な知識が必要である。その上で，問７の長屋王邸宅の位置を参考に，
東三条殿が三条に位置することを想起して判断したい。

C．**2**．元明天皇が正解。「朕」とは天皇の一人称である。出典に「和銅
元年」とあることから，和同開珎を想起して，平城京造営のための貨幣鋳
造であることを踏まえて判断したい。

3．藤原緒嗣が正解。「軍事と造作」の継続可否を議論させる徳政論争に
よって，対蝦夷戦争と平安京造営は中止された。

4．藤原種継が正解。平安京遷都の前の都で，平城京以降であるので，長
岡京と判断したい。藤原種継は長岡京造営を主導した。

 **解答**　**A**．**イ**．十返舎一九　**ロ**．ざんぎり頭　**ハ**．円本
　　　　　　　ニ．片山哲

B．**1**．為永春水　**2**－ｃ　**3**－ａ　**4**．本木昌造　**5**－ｆ　**6**－ｄ
7－ｃ　**8**．労働関係調整法　**9**．日本労働組合総評議会　**10**－ｂ
11．1950年以降，農業などの第１次産業の就業人口が減少する中で，農
外所得を持つ兼業農家が増加した。（50字以内）
12－ｂ　**13**－ａ　**14**－ｃ　**15**－ｃ

2
0
2
4
年
度

2
月
13
日

日
本
史

=== **解 説** ===

《近世・近現代の大衆とメディア》

A．二． 初の日本社会党による内閣は片山哲内閣である。片山内閣の次の内閣総理大臣である芦田均と混同しないようにしよう。

B．１． 為永春水が正解。寛政の改革で処罰された洒落本作家の山東京伝と混同しないように注意しよう。

２． ｃが正解。滝沢馬琴の『南総里見八犬伝』は読本である。式亭三馬の『浮世風呂』は滑稽本，恋川春町の『金々先生栄華夢』は黄表紙，柳亭種彦の『偐紫田舎源氏』は合巻である。

３． やや難問。ａが正解。ⅰ．正文。都市部では新暦が使用されるも，農漁村などでは旧来の風習などが続いていた。現在も伝統的行事は旧暦で行われることを想起したい。ⅱ．正文。旧暦は１日を12等分にする昼夜12時制である。判断には旧暦である太陰太陽暦の知識が必要となる。

４． やや難問。本木昌造が正解。注記レベルの知識ではあるが，鉛製活字の量産と日刊新聞の刊行はセットで確認しておきたい。

５． ｆが正解。ⅲ．文部省新設（1871年）→ⅱ．学制公布（1872年）→ⅰ．教育令公布（1879年）の順である。近代教育史は頻出事項である。

６． 難問。ｄが正解。〈あ〉に入る文化住宅は頻出事項である。〈い〉には関東大震災の罹災地区への住宅供給団体である同潤会が入る。「1924年」と設問にあるため，関東大震災を想起して帝都復興院と判断してしまう可能性があることに加え，同潤会に言及していない教科書もあり，解答には詳細な知識が必要となる。

７． やや難問。ｃが不適。美空ひばりの登場は太平洋戦争後である。ａ．適当。全国中等学校優勝野球大会は1915年に始まるが，選択肢がその「実況放送」を問うているので，ラジオ放送が開始された1925年以降と判断できる。ｂ．適当。東京六大学野球は1915年に始まった。注記レベルの知識である。ｄ．適当。ラジオ放送は1925年に東京・大阪・名古屋で開始され，1926年に日本放送協会（NHK）が設立された。

８． 労働関係調整法が正解。労働組合法（1945年），労働関係調整法（1946年），労働基準法（1947年）の労働三法については，それぞれの内容と制定年代をセットで確認しておこう。

９． 日本労働組合総評議会が正解。朝鮮戦争に関わるレッド＝パージによ

って，全日本産業別労働組合会議（産別会議）の勢力が弱まる中，日本労働組合総同盟（総同盟）に勢力が集中しないように，GHQの後押しで総評が結成された。労働組合の全国組織の正式名称は混同しやすいので注意しよう。

10.　bが誤文。公職追放令はポツダム宣言に基づくGHQの民主化政策の一環で，戦争協力者の公職からの排除を意図したものである。a・c・d.正文。ニ・一ゼネスト計画の内容は頻出事項である。

11.　産業別就業人口の推移を示す折れ線グラフと，農家戸数の推移を示す棒グラフから，高度経済成長期の農業および農家経営の変容について説明する。設問では高度経済成長期（1955年〜）における変容を問うており，第1次産業と第2次・第3次産業就業人口の逆転や，専業農家とそれぞれの兼業農家の推移変化など個別の視点はあるものの，2つのグラフを合わせて考えると，1950年以降，第一次産業が減少し，農家戸数も専業農家より農外所得を持つ兼業農家の割合が増加していることから，1950年を起点として記述した。

12.　bが正解。〈う〉には電気洗濯機，〈え〉にはルームエアコンが入る。耐久消費財の普及のうち，1950年代後半の三種の神器である白黒テレビ・電気洗濯機・電気冷蔵庫と，1960年代後半の新三種の神器（3C）である乗用車（カー）・ルームエアコン（クーラー）・カラーテレビは混同しやすいので注意しよう。

13.　やや難問。aが不適。古橋広之進が活躍したのは，戦後間もないころである。消去法で解答したいが，高度経済成長期に活躍した手塚治虫・長嶋茂雄・力道山など，注記レベルや教科書に言及されていない人物もおり，やや詳細な知識が必要となる。

14.　やや難問。cが正解。ⅰ．誤文。瀬戸大橋の開通は1988年であり，高度経済成長期ではない。ⅱ．正文。1965年に名神高速道路，1969年に東名高速道路が全通した。いずれも教科書本文レベルではあるが，時系列など丁寧な学習が必要となる。

15.　cが正解。〈お〉には『点と線』，〈か〉には司馬遼太郎が入る。『黒い雨』は井伏鱒二の小説，吉川英治は『宮本武蔵』などの著者である。

2月12日実施分　問題 世界史

（60分）

Ⅰ．次の文を読み，文中の下線部1）〜16)にそれぞれ対応する下記の設問1〜16に答えよ。
解答は解答用紙の所定欄にしるせ。

　アフリカに学ぶべき歴史は存在しないとヘーゲルがうそぶいたのは19世紀はじめのこ
とであった。しかしいま，アフリカ史研究は進展著しい。

　中近世アラビア語文献からの研究や，考古学調査によると，サハラ以南のアフリカ大陸
にはザンベジ川など大河流域をはじめとして各地に文明を確認できる。稲作，牧畜，漁労
が盛んで多くの人口をかかえたニジェール川流域も，そうした中心地のひとつであった。
4世紀ごろにラクダが導入されると，サハラ砂漠を越えて西アフリカの金や奴隷と地中海
の産物やサハラ産の塩の交易が盛んとなり，それ以降の諸王国繁栄の基盤となった。8世
紀以降に流入したムスリム商人を受け入れてイスラーム化を進め，西アフリカの国々は栄
えた。西アフリカ産出の金こそが，ヨーロッパと地中海世界が中国やインドとの交易を続
けていくことを可能にしたという見解もある。

　このアフリカに大きなひずみをもたらしたのは，15世紀末に始まるヨーロッパの進出で
あった。ヨーロッパ人がただちにアフリカを圧したわけではなかった。現地社会の活力を
前に，ポルトガルはアフリカ諸国と友好関係を結んだ。ヨーロッパ商人たちはヨーロッパ
の金属製品と，西アフリカの金，象牙などとの交易を行った。しかし，奴隷貿易が拡大す
ると，西アフリカ社会は変貌を遂げていった。奴隷の送り出しによって1000万人とも言わ
れる大量の労働力が奪われたばかりではない。アフリカ社会内部での奴隷獲得競争は，同
地の平和と安全を損なった。交易の中心がアフリカ西岸に移っていくと，内陸の交易都市
が衰え，ソンガイ王国などの諸国は力を失っていった。海岸部のベニン王国やダホメー王
国などがこの変化に乗じて台頭したが，奴隷貿易への依存は，地元の産業や技術の停滞・
衰退を招き，同地は「低開発」されていったのである。

　弱体化したアフリカは，19世紀から20世紀にかけてヨーロッパ諸国による植民地支配
の対象になった。その際にヨーロッパ諸国が採用した統治の手法はアフリカの各地に大き
な影響を及ぼした。第一に民族の「創出」である。河川流域を中心に数多くの国家が発達

していたアフリカは，ヨーロッパ諸国によって大きく再編され，そこで新たに創出された民族を単位に20世紀に国民国家へと細分化された。第二に，宗主国が住民の一部を支配の
14)
代理人にし，かれら代理人に特権と引き替えに主権を譲渡させたことで，住民の大部分は
15)
アフリカ各国の政治に参加できなくなった。住民間の分断である。第三に，この植民地化がしばしば文明化の論理をまとったことで，住民間の分断は複雑になった。ヨーロッパ人
の手助けで権力を得たアフリカ人「首長」とその協力者たちは，自らを文明の担い手と位
16)
置づけ，それ以外のアフリカ人批判者たちを野蛮な人びとと見なした。こうした分断・対立のもとで人びとの協働は容易でなかった。1960年代の独立の時代を経て現在もっとも成長が期待される地域となったアフリカは，いまもこうした困難から自由ではない。

1．この人物は，歴史をはじめ事物はすべて内部に矛盾をはらみ，この矛盾を原動力として発展すると唱えた。この考え方を何と呼ぶか。次のa～dから1つ選び，その記号をマークせよ。あてはまるものがない場合は，eをマークせよ。

　　a．経験論哲学　　　b．実存哲学　　　c．批判哲学　　　d．弁証法哲学

2．これらのうち，旅行家イブン＝バットゥータが，1350年代に訪れたマリ王国についての記録をおさめた書物は何か。その名をしるせ。

3．この川に関する次の問i・iiに答えよ。

　i．この川の位置を次の地図上のa～dから1つ選び，その記号をマークせよ。あてはまるものがない場合は，eをマークせよ。

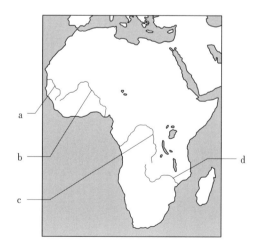

ii．この川の南方に15世紀末までに成立した王国を何と呼ぶか。次のa～dから1つ選
び，その記号をマークせよ。あてはまるものがない場合は，eをマークせよ。

a．カネム＝ボルヌー王国　　　　　　b．クシュ王国

c．コンゴ王国　　　　　　　　　　　d．モノモタパ王国

4．こうした文明に先立ち，約700万年前にアフリカ大陸に現れた最古の人類は，常時直
立二足歩行を行う点に特徴があった。類人猿と区別されるこういった人類のことを何と
呼ぶか。その名をしるせ。

5．これら諸王国のなかで，8世紀ごろまでに興り，1076～77年のムラービト朝による攻
撃で衰退するまでニジェール川・セネガル川上流域で栄えた王国を何と呼ぶか。その名
をしるせ。

6．アフリカ東岸に来航したかれらは，12世紀ごろにはバントゥー系とイスラームの生
活・行動様式が融合した文化を生みだした。この文化を何と呼ぶか。その名をしるせ。

7．各地に形成されたイスラーム都市は，商業のみならず，学芸・教育の中心でもあった。
カイロのアズハル学院に代表されるイスラーム高等教育機関のことを何と呼ぶか。その
名をしるせ。

8．この国の港湾都市には，地中海，アフリカから東アジアまでを結ぶ交易網が発達する
とともに，港と交易の管理・課税にあたる役所が設けられた。唐代中期にはじめて広州
に開設されたこの役所を何と呼ぶか。その名をしるせ。

9．この事象の前後で起きた次の出来事a～dのうち，もっとも古いものを解答欄のiに，
次に古いものをiiに，以下同じようにivまで年代順にマークせよ。

a．ヴァスコ＝ダ＝ガマがカリカットに達した

b．ヴィジャヤナガル王国が成立した

c．鄭和がインド洋に遠征した

d．ピサロがインカ帝国を征服した

10．次のグラフは，アフリカから世界各地へ奴隷として輸出された人の数を示したもので
ある。時期Aに人数が減少した要因としてもっとも適切なものを次のa～dから1つ選
び，その記号をマークせよ。

a．アメリカ独立戦争の勃発　　　　　b．イダルゴの蜂起

c．啓蒙思想の普及　　　　　　　　　d．産業革命の開始

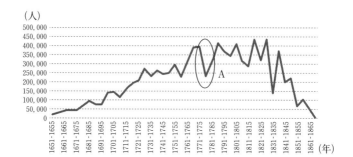

11. この王国の勢力下にあった時期に宗教・学術都市として繁栄し，岩塩や金の交易で知られた都市はどこか。次のａ〜ｄから１つ選び，その記号をマークせよ。あてはまるものがない場合は，ｅをマークせよ。

　　　ａ．キルワ　　　　　　　　　　ｂ．マラケシュ

　　　ｃ．マリンディ　　　　　　　　ｄ．モガディシュ

12. これに関する次の問ⅰ・ⅱに答えよ。

　ⅰ．1896年のアドワの戦いでイタリア軍を撃退した国はどこか。その名をしるせ。

　ⅱ．スペイン植民地への進出を図って1898年の米西戦争をおこしたアメリカの大統領は誰か。その名をしるせ。

13. これに関連してバルカン半島で起こった次の出来事ａ〜ｄのうち，もっとも古いものを解答欄のⅰに，次に古いものをⅱに，以下同じようにⅳまで年代順にマークせよ。

　　　ａ．クロアティアがユーゴスラヴィアから独立した

　　　ｂ．コソヴォ議会が独立を宣言した

　　　ｃ．ＮＡＴＯ軍がセルビアを空爆した

　　　ｄ．ボスニア＝ヘルツェゴヴィナ紛争が終結した

14. これに関連して，1940年にパキスタンのインドからの分離・独立を求めた全インド・ムスリム連盟の指導者は誰か。その名をしるせ。

15. アジアにおける類例として，インドに進出したイギリス東インド会社は，政府と農民とを仲介する者に地税の徴収を任せ，その仲介者に私的土地所有権を与えた。この制度を何と呼ぶか。その名をしるせ。

16. これに関連して，1899年にイギリスの石鹸会社ピアーズは，以下の図像と文面からなる広告を出した。

白人の（　イ　）ための第一歩は，清潔さの道徳的美点を教えていくことにある。ピアーズ石鹼は，世界諸国の教養ある人びとのなかでもっとも愛顧されているだけでなく，文明の進展とともに世界の（　ロ　）していく強力なものである。実にそれは理想的な手洗い石鹼なのである。　　（原文は英語）

　　当時のヨーロッパ世界の文明観をうかがわせるこの広告で，この企業は自社商品の販売をいかなる論理で正当化したのか。広告図を見て，広告文面にもうけた空欄（イ）・（ロ）にあてはまる語句としてもっとも適切な組み合わせを，次のa～dから1つ選び，その記号をマークせよ。

　　　　　　　　　　（イ）　　　　　　　　　　　（ロ）
a．　経済的繁栄を達成する　　　貧しき隅々を工業化
b．　健康を増進していく　　　　豊かな隅々を獲得
c．　責務を果たしていく　　　　暗き隅々を啓蒙
d．　領土を最大化する　　　　　危険な隅々を制圧

Ⅱ．次の文を読み，下記の設問A・Bに答えよ。解答は解答用紙の所定欄にしるせ。

　　言語は伝達の手段であると同時に，その使用者間の仲間意識の象徴でもある。例えば古代ギリシアでは，異民族のことをバルバロイと称して自民族とは区別していた。ただしギリシア人もまた，その方言の違いからいくつかのグループに分かれていた。例えば，ギリシア屈指の陸軍国となったスパルタの支配層の人々はドーリア人であった。

　　ローマ帝国では，その領土の西部でラテン語が公用語として使われていたが，392年には（　イ　）派キリスト教がローマの国教となり，ラテン語はキリスト教世界の公用語となっていく。7世紀にビザンツ帝国ではギリシア語が公用語とされたが，ローマ＝カトリック世界ではその後もラテン語が長らく宗教・政治・学問等の分野の共通語であり続けた。

　　一方，民衆が日常的に用いる言語である俗語への関心の高まりも，中世後期には見られる。例えば13世紀にイベリア半島の王国のひとつでは，トレドの方言を標準語とすべきという宣言を王が行っている。14世紀にはダンテがトスカナ地方の口語で『神曲』を書き，15世紀にはベーメンのフスが教会でのラテン語の使用に反対してチェコ語を擁護した。宗教改革を試みたフスは1414年から開かれた（　ロ　）公会議で異端とされ，火刑に処された。彼は，神聖ローマ帝国支配下のベーメンにあってドイツ語の影響も排除しようとしたと言われる。このように自民族の言語への意識の高揚は，ラテン語のような公用語だけでなく近隣の他民族の言語に対する対抗意識にも関わる場合がある。例えばイングランドでは11世紀以来，フランス王の臣下がイングランド王になるという関係が続いていたため，フランス語の侵入に対する危機感があったと言われる。

　　言語は国家の権勢の象徴ともなる。イベリア半島最後のイスラーム王朝である（　ハ　）朝の都グラナダが陥落しレコンキスタが完了した1492年，刊行物としてはヨーロッパ初の俗語の文法書『カスティリャ語文法』が出版された。その著者は，当時のカスティリャ君主（　ニ　）に「言語は常に帝国の伴侶」との言葉を献じている。17世紀フランスで，国語としてのフランス語の統一と純化を目指してアカデミー＝フランセーズを設立した宰相（　ホ　）は，フランス語が欧州の標準語になることを目論んでいたと言われる。実際，ルイ14世の時代以降，フランス語の国際語としての地位は向上していった。

　　近世ヨーロッパでは言語の類縁関係についてもある程度の考察がなされており，ライプニッツのように，マジャール人とフィン人の言語が同系統であることに着目していた学者もいた。18世紀末には，イギリス東インド会社の法律顧問としてカルカッタに赴任していた人物が，サンスクリット語が古典ラテン語や古典ギリシア語と共通の起源をもつ可能性を指摘し，いわゆるインド＝ヨーロッパ語族の発見につながった。

２０２４年度　２月12日　世界史

A．文中の空所(イ)〜(ホ)それぞれにあてはまる適当な語句をしるせ。

B．文中の下線部1)〜11)にそれぞれ対応する次の問1〜11に答えよ。

1．この言葉はギリシア人の間で本来どのような意味で使われていたか，1行でしるせ。

2．これに関する記述として正しいものを次のa〜dから1つ選び，その記号をマークせよ。あてはまるものがない場合は，eをマークせよ。

　　a．前4世紀に台頭したテーベを撃退し，覇権を拡大した

　　b．前5世紀，アテネとの戦争ではペルシアの支援を得て勝利した

　　c．ペルシアの脅威に備えるために結成されたデロス同盟の盟主となった

　　d．隷属農民となった被征服民には，家族をもつことが認められていなかった

3．この帝国の版図が最大となった当時の皇帝は誰か。次のa〜dから1つ選び，その記号をマークせよ。あてはまるものがない場合は，eをマークせよ。

　　a．アントニヌス＝ピウス　　　　b．トラヤヌス

　　c．ネルウァ　　　　　　　　　　d．ハドリアヌス

4．この帝国で11世紀末以降とられた，軍役奉仕と引き換えに貴族に領地を与える制度は何と呼ばれるか。その名をしるせ。

5．のちに東方からヨーロッパへ移動したスラヴ系民族のなかで，これを受容しなかったのはどれか。次のa〜dから1つ選び，その記号をマークせよ。あてはまるものがない場合は，eをマークせよ。

　　a．クロアティア人　b．スロヴェニア人　c．セルビア人　　　d．ポーランド人

6．この時期のヨーロッパ世界に関する次の問i〜ivに答えよ。

　　i．東方から進攻してドイツ・ポーランド諸侯軍を破ったとされるモンゴル遠征軍を率い，1243年にはロシア南部に国を建てた人物は誰か。その名をしるせ。

　　ii．1250年に神聖ローマ皇帝が死亡したのち，やがてその王朝は途絶え，帝国はしばらく皇帝不在の状態となった。この王朝の名をしるせ。

　　iii．南フランスではキリスト教の異端派が当地諸侯の支持を得て大勢力となっていたが，13世紀にフランス王側はその討伐を行い，南フランスへの王権拡大に成功した。その異端派の名をしるせ。

　　iv．イングランドでは王が大憲章を無視したことに対して貴族らが反乱を起こすなどの動乱を経て，1295年，のちに模範議会と呼ばれる身分制議会が召集された。この議会を召集したイングランド王は誰か。次のa〜dから1つ選び，その記号をマークせよ。あてはまるものがない場合は，eをマークせよ。

　　　a．エドワード1世　b．エドワード2世　c．ヘンリ3世　　　d．ヘンリ4世

7．中世にイスラーム世界からこの都市にもたらされてラテン語に翻訳された文献の中には，ギリシアの哲学・科学書のアラビア語訳も多く含まれる。9世紀にバグダードに設立され，ギリシア文献のアラビア語訳を盛んに行っていた機関は何と呼ばれるか。その名をしるせ。

8．12世紀半ばにこの地のノルマン王家と婚姻関係を結んだアンジュー伯アンリが興した王朝の名をしるせ。

9．この時期いくつかの条約がフランス語でかわされたが，スペイン継承戦争ののち1714年に神聖ローマ皇帝とルイ14世の間で結ばれた条約もそのひとつである。その条約はどれか。次のa〜dから1つ選び，その記号をマークせよ。あてはまるものがない場合は，eをマークせよ。

a．アーヘン条約 b．ピレネー条約

c．ユトレヒト条約 d．ラシュタット条約

10．この民族またはそれが建てた国に関する記述として正しくないものを次のa〜dから1つ選び，その記号をマークせよ。すべて正しい場合は，eをマークせよ。

a．17世紀末のカルロヴィッツ条約により，オスマン帝国の属国となった

b．19世紀半ばごろ，コッシュートがオーストリア帝国からの独立を宣言した

c．1919年に共産党政権が誕生したが，同年のうちにルーマニア軍により打倒された

d．1956年，社会主義体制からの離脱を求める運動が広がったが，ソ連の軍事介入により鎮圧された

11．この都市は17世紀後半以降，イギリス東インド会社の拠点となっていた。その位置を次の地図上のa〜dから1つ選び，その記号をマークせよ。あてはまるものがない場合は，eをマークせよ。

2月12日実施分 解答 世界史

I 解答

1 — d　2．三大陸周遊記〔旅行記〕
3．i — d　ii — d　4．猿人
5．ガーナ王国　6．スワヒリ文化　7．マドラサ　8．市舶司
9．i — b　ii — c　iii — a　iv — d　10 — a　11 — e
12．i．エチオピア　ii．マッキンリー
13．i — a　ii — d　iii — c　iv — b　14．ジンナー
15．ザミンダーリー制　16 — c

=== 解説 ===

《アフリカの歴史》

1． a．誤り。経験論を唱えたのは，イギリスの哲学者のフランシス=ベーコンである。b．誤り。実存哲学は，ニーチェやキルケゴールらによって支持された。c．誤り。批判哲学は，ドイツの哲学者のカントによって主張された。

2． イブン=バットゥータは，アフリカのマリ王国だけではなく，アジアやヨーロッパなどの地域も巡ったとされている。

3．i． a．誤り。セネガル川である。b．誤り。ニジェール川である。c．誤り。コンゴ川である。

ii． a．誤り。カネム=ボルヌー王国は，中部アフリカのチャド湖周辺に成立した国である。b．誤り。クシュ王国は，アフリカのナイル川上流に成立した国である。c．誤り。コンゴ王国は，コンゴ川の下流域に成立した国である。

4． 直立二足歩行をした猿人は，簡単な打製石器を使用することができたとされている。

5． ガーナ王国は8世紀から11世紀頃に繁栄した王国で，岩塩や金などの交易を行っていたとされている。

6． アフリカ東岸のバントゥー語系にアラビア語が融合して生まれたのが，スワヒリ語である。また，このアフリカ東岸で形成された独自の文化をスワヒリ文化と呼ぶ。

7. マドラサは，イスラーム社会の学者層であるウラマーを養成するための神学校である。ファーティマ朝のアズハル学院だけではなく，セルジューク朝のニザーミーヤ学院なども有名である。

8. 市舶司は，唐代中期にはじめて広州に開設された役所で，宋代に海外貿易が盛んになると広州だけではなく，泉州・寧波・明州・臨安・温州などにも設置された。

9. ヴィジャヤナガル王国が成立したのは1336年，鄭和がインド洋に遠征したのは1405～30年頃，ヴァスコ=ダ=ガマのカリカット到達は1498年，ピサロがインカ帝国を支配したのは1533年である。

10. b．誤り。イダルゴの蜂起は，1810年である。c．誤り。啓蒙思想は，17世紀後半から18世紀にかけて普及した。d．誤り。産業革命の開始は18世紀後半のイギリスであるが，これによる綿花需要の増大は奴隷制を拡大させた。

11. ソンガイ王国で岩塩や金の交易で栄え，学術都市として繁栄した都市は，トンブクトゥである。a．誤り。キルワはキルワ王国で繁栄した交易拠点のひとつである。b．誤り。マラケシュは，ムラービト朝やムワッヒド朝の都として知られている。c．誤り。マリンディは東アフリカに位置する港町である。d．誤り。モガディシュは，現在のソマリアの首都でインド洋交易の拠点として繁栄した。

12. ⅰ．エチオピアはアドワの戦いに勝利し，独立を維持した。しかし，1936年にイタリアのムッソリーニによって併合された。

ⅱ．米西戦争を起こしたマッキンリー大統領は，スペインに勝利した。その結果，スペインはキューバの独立を認め，アメリカはプエルトリコ，グアム，フィリピンを獲得した。

13. クロアティアがユーゴスラヴィアから独立したのは1991年，ボスニア=ヘルツェゴヴィナ紛争が終結したのは1995年，NATO軍がセルビアを空爆したのは1999年，コソヴォ議会が独立を宣言したのは2008年である。

14. 全インド=ムスリム連盟の指導者であるジンナーは，1940年にムスリム国家の独立を宣言し，後のパキスタンの基礎をつくった。

15. インドに進出したイギリス東インド会社は，政府と農民を仲介する者に地税の徴収を任せるザミンダーリー制と農民から直接地税を徴収するラ

イヤットワーリー制を実施した。

16. 19世紀末頃から欧米諸国は，文化的に劣るとみなしたアフリカやアジアなどの地域を啓蒙する必要があると考え，この主張をもとに植民地支配を正当化した。同時代のフランスでは「文明化の使命」，イギリスでは「白人の責務」という観念が掲げられた。

Ⅱ  **A．イ．** アタナシウス　**ロ．** コンスタンツ
　　　　　　　　　ハ． ナスル　**ニ．** イサベル　**ホ．** リシュリュー
B．1． 訳の分からない言葉を話す人々のこと。
2－b　**3**－b　**4．** プロノイア制　**5**－c
6．i． バトゥ　**ii．** シュタウフェン朝　**iii．** アルビジョワ派　**iv**－a
7． バイト=アルヒクマ〔知恵の館〕
8． プランタジネット朝　**9**－d　**10**－a　**11**－d

＝＝＝＝＝＝＝＝＝＝＝＝＝　解　説　＝＝＝＝＝＝＝＝＝＝＝＝

《ヨーロッパにおける言語の歴史》

A．イ． テオドシウス帝の時に，アタナシウス派キリスト教がローマの国教として認められた。

ロ． コンスタンツ公会議では，フスだけではなく，ウィクリフの考えも異端とされた。

ニ． 1469年にカスティリャの王女イサベルとアラゴンの王子フェルナンドが結婚した。その後，1479年に両国が合同し，スペイン王国が成立した。

B．1． ギリシア人は自分たちをヘレネスと自称し，ヘレネスにとって訳のわからない言葉を話す異民族をバルバロイと呼んだ。

2． a．誤り。スパルタは，紀元前371年のレウクトラの戦いでテーベに敗れ，覇権を失った。c．誤り。スパルタはデロス同盟の盟主ではなく，ペロポネソス同盟の盟主である。d．誤り。被征服民には，家族を持つことが認められた。

3． ローマ帝国最大の領土を実現したのは，五賢帝のトラヤヌス帝である。

4． ビザンツ帝国では，地方軍団の司令官が地方の行政と司法も掌握するテマ制が実施されていたが，11世紀頃から軍役奉仕と引き換えに貴族に領地を与えるプロノイア制が実施された。

5．セルビア人は，主にギリシア正教を受容した。

6．i．バトゥは 1241 年のワールシュタットの戦いでドイツ・ポーラン
ド諸侯軍を破り，1243 年にはキプチャク＝ハン国を建てた。

ii．1250 年に神聖ローマ皇帝のフリードリヒ 2 世が亡くなったのち，や
がてシュタウフェン朝は途絶えた。

iii．フランス王ルイ 9 世は，アルビジョワ派の討伐を行い，南フランスへ
の王権拡大に成功した。

iv．b．誤り。エドワード 2 世の治世下では，スコットランドとの戦争に
敗れ，不安定な政治が続いた。c．誤り。ヘンリ 3 世の治世下では，シモ
ン＝ド＝モンフォールの反乱が起こった。d．誤り。ヘンリ 4 世は，ランカ
スター朝の初代の王である。

7．バイト＝アルヒクマ（知恵の館）は，アッバース朝のカリフであるマ
ームーンによってバグダードに設立された。

8．アンジュー伯アンリがヘンリ 2 世として即位し，プランタジネット朝
を創始した。

9．a．誤り。アーヘン条約は，1748 年に締結されたオーストリア継承
戦争の講和条約である。b．誤り。ピレネー条約は，三十年戦争後，1659
年にスペインとフランスの間で締結された講和条約である。c．誤り。ユ
トレヒト条約はスペイン継承戦争の後に締結された条約であるが，1713
年にスペインとフランス，イギリスの間で締結された。

10．a．誤り。カルロヴィッツ条約は，オスマン帝国とオーストリアなど
が締結した条約である。この条約でオスマン帝国は，ハンガリーやトラン
シルヴァニアなどをオーストリアに割譲した。

11．a．誤り。イギリス東インド会社の商館が置かれたボンベイである。
当初はポルトガルが領有していたが，のちにイギリスに譲渡された。b．
誤り。1498 年にポルトガルのヴァスコ＝ダ＝ガマ船団が到来したカリカッ
トである。c．誤り。ベンガル湾に面したマドラスである。ここにもイギ
リス東インド会社の拠点が建設された。

2月13日実施分　　問題　世界史

（60分）

Ⅰ．次の文を読み，下記の設問Ａ・Ｂに答えよ。解答は解答用紙の所定欄にしるせ。

　　ドイツの哲学者ヤスパースは，第二次世界大戦後に，世界史の軸となる時代という意味で「枢軸時代」という哲学的・文明史的な概念を提唱した。前500年前後の約600年間の時期に，中国，インド，そしてオリエントおよび地中海という互いに異なる3つの世界で，人間の精神的な覚醒が同時並行的に生じ，それ以降の時代にとって人間存在に関する普遍的な思想的基礎になったという考え方である。

　　中国では，これに先立つ前8世紀，周が都を東方の（　イ　）に移して後，次第に国力を失っていった。そして春秋時代を経て，前5世紀末以降の時代に入ると，（　ロ　）と呼ばれる諸国が抗争状態に陥った。その社会的な混乱期に，諸子百家と総称される多様な思想家が登場した。そこには儒家，墨家，道家，法家その他の学派が含まれ，後の中国社会
<u>　　　　　 1)</u>
思想の基礎となった。

　　インドでは，前1500年ころ北西部から（　ハ　）が進入して先住民とまじわり，やがてバラモン，<u>クシャトリヤ</u>，ヴァイシャ，シュードラからなる身分的上下関係を伴う社会が
　　　　　　　 2)
形成された。バラモンたちは（　ニ　）と総称される聖典を編纂し，神々から恩恵を受けるための祭祀を司っていた。しかし前7〜前5世紀になると，ガンジス川流域に多数の王国が生まれて社会経済も発展し，バラモンによる支配が弱まった。そのような社会の変革期に，仏教の開祖となった<u>ガウタマ＝シッダールタ</u>は現れた。彼はバラモン教の祭祀や身
　　　　　　　　　　　　　　 3)
分制を否定して，生と死の永遠の繰り返しである輪廻転生からの解脱を説いた。仏教はその後，中央アジアや東南アジアを経て各地に広がり，同様に<u>インドの科学</u>も広く伝播した。
　　　　　　　　　　　　　　　　　　　　　　　　　　　　 4)
　　オリエント世界では，メソポタミア北部のニネヴェに都を置いたアッシリアが前612年に滅び，エジプト，小アジアの（　ホ　），<u>新バビロニア</u>，そしてイラン高原のメディアの
　　　　　　　　　　　　　　　　　　　　　 5)
4王国が分立した。イラン高原に現れた<u>ゾロアスター</u>は，世界を光の善神（　ヘ　）と闇
　　　　　　　　　　　　　　　 6)
の悪神アーリマンとの闘いの場と捉え，善神の勝利および人類への最後の審判を含む終末思想を展開し，後世に影響を与えた。その後，前6世紀半ばに，キュロス2世がアケメネス朝を興してオリエント世界を再統一したが，前5世紀半ばにギリシアの諸ポリス連合軍
<u>　　 7)</u>
と戦って敗北した。

　他方で地中海世界では，前8世紀以降，ギリシア人はギリシア本土から小アジアにかけ
て，それぞれの都市（ポリス）に分かれて小国分立状態にあった。彼らは耕地不足その他
の問題を解決するために，地中海沿岸や黒海沿岸にさかんに植民都市を建設した。それぞ
れの都市国家は，正式の構成員である市民と彼らに隷従する奴隷からなっていた。前7世
紀以降，市民団を構成する貴族と平民の対立に由来する混乱をきっかけに，非合法に政治
的実権を掌握する僭主が続出した。同じ時期に，小アジアのイオニア地方で，多様な現象
の背後にある万物の根源を問う自然哲学者が多数輩出した。前5世紀半ばにペルシア戦争
に勝利した後，ギリシアの政治や文化の中心はアテネに移った。ところがアテネでは民主
制と言論の自由が確立され，民会や裁判所における公的弁論の社会的重要性が増したため，
「万物の尺度は人間である」とするプロタゴラスに代表される，議論に勝つための技法を
教える（　ト　）と呼ばれる職業教師たちが活躍した。これに対して「人はいかに生きる
べきか」を問うた哲学者ソクラテスの弟子プラトンは，感覚で捉えられる事象の彼方にあ
り，理性によってのみ把握できる不変の実在としての観念（イデア）の追求を提唱した。

A．文中の空所（イ）〜（ト）それぞれにあてはまる適当な語句をしるせ。

B．文中の下線部1）〜12)にそれぞれ対応する次の問1〜12に答えよ。

　1．この学派の伝統から，11世紀の中国で，従来の訓詁学に代えて宇宙万物の正しい本
　　　質を問う宋学が生まれた。宋学は，その大成者の名にちなんで何と呼ばれるようにな
　　　ったか。その名をしるせ。

　2．この階層の発言力は，後代に農業・商業・手工業が発展したのに伴って，社会の中
　　　で強まっていった。その結果，バラモン教の祭祀中心主義は批判され，梵我一如の自
　　　己認識を目指す哲学が生まれた。その一連の文書は何と呼ばれるか。その名をしるせ。

　3．この人物は人生の本質を苦と，またその原因を煩悩と捉えた。涅槃寂静の境地に到
　　　達するために彼が提唱したことは何か。次のa〜dから1つ選び，その記号をマーク
　　　せよ。あてはまるものがない場合は，eをマークせよ。

　　　a．清貧・純潔・服従　　　　b．八正道　　　c．無為自然　　　d．六信五行

　4．その一例として，インドからは数学が9世紀にアラビアに伝わり，10世紀にヨーロ
　　　ッパに伝わった。その中に含まれないものはどれか。次のa〜dから1つ選び，その
　　　記号をマークせよ。すべて含まれる場合は，eをマークせよ。

　　　a．アラビア数字　　　b．十進法　　　c．ゼロの概念　　　d．六十進法

　5．この国は前6世紀初めに，パレスチナのユダ王国を滅ぼしてバビロン捕囚を行な

ったが，やがて捕囚民はパレスティナに帰還し，神殿再建や聖典の編纂などを通して
ユダヤ教を成立させた。後にキリスト教の始まりとなったナザレのイエスが否定した
ユダヤ教の教えはどれか。次のa〜dから1つ選び，その記号をマークせよ。あては
まるものがない場合は，eをマークせよ。

　　a．最後の審判　　　　b．選民思想　　　　c．唯一神信仰　　　　d．隣人愛

6．3世紀に，ゾロアスター教にキリスト教や仏教などの要素を融合させることで，イ
　　ラン人宗教家によって創始された宗教は何か。その名をしるせ。

7．この世界には，人口の増えすぎた人類を滅ぼすために神々が洪水を用いたとする神
　　話伝承がある。洪水伝説を伝える，古代シュメール人の伝説的な王の名にちなんだ叙
　　事詩の名は何か。次のa〜dから1つ選び，その記号をマークせよ。あてはまるもの
　　がない場合は，eをマークせよ。

　　a．『イリアス』　　　　　　　　b．『オデュッセイア』

　　c．『シャー＝ナーメ』　　　　　d．『ラーマーヤナ』

8．彼らは共通の言語や神話，4年に一度開催されるオリンピアの祭典と並んで，デル
　　フォイの神託の利用を通して，同一民族としての意識をもっていた。ペルシア戦争に
　　さいしても，都市アテネはデルフォイに使節を送って神託を求めた。この聖所の主神
　　の名をしるせ。

9．ギリシア人が建設した植民都市でないものはどれか。次のa〜dから1つ選び，そ
　　の記号をマークせよ。あてはまるものがない場合は，eをマークせよ。

　　a．シラクサ　　　　b．ネアポリス　　　　c．ビザンティオン　　　　d．ミレトス

10．これに関する次の問i・iiに答えよ。

　　i．前6世紀半ばに，アテネで計3度この地位につき，農業や商工業を促進すること
　　　　で，結果的に後の民主政の成立に貢献したのは誰か。次のa〜dから1つ選び，そ
　　　　の記号をマークせよ。あてはまるものがない場合は，eをマークせよ。

　　　　a．クレイステネス　　　　　b．ソフォクレス

　　　　c．ドラコン　　　　　　　　d．ペイシストラトス

　　ii．このような権力者になる恐れのある者を，あらかじめ排除するための制度は何と
　　　　呼ばれたか。その名をしるせ。

11．このうち，原子（アトム）によって万物の根源を説明しようとしたのは誰か。次のa
　　〜dから1つ選び，その記号をマークせよ。あてはまるものがない場合は，eをマー
　　クせよ。

　　a．タレス　　　b．デモクリトス　　　c．ピタゴラス　　　　d．ヘラクレイトス

12．古代ギリシアの時代に弁論のための技法は修辞学とも呼ばれ，古典文化の復興運動

であるルネサンスを経て，人文主義に大きな影響を与えた。16世紀最大の人文主義者とされるエラスムスは，修辞学による聖書注解を著して宗教改革にも影響を与えた。彼の著作を，次のa～dから1つ選び，その記号をマークせよ。あてはまるものがない場合は，eをマークせよ。

a．『カンタベリ物語』　　　　b．『愚神礼賛』

c．『デカメロン』　　　　　　d．『ユートピア』

Ⅱ．次の文を読み，下記の設問A・Bに答えよ。解答は解答用紙の所定欄にしるせ。

　新型コロナウィルス感染症がそうであるように，病気は，様々な社会的変化や科学技術の革新と結びついて，歴史に登場する。もっともよく知られる感染症としては，ペストがあげられる。6世紀には，ユスティニアヌス1世治下の東ローマ帝国で大流行があったことが知られている。14世紀の大流行は，百年戦争中のヨーロッパに大きな影響を与えた。1894年には，大流行の発端となったイギリス領香港でペスト菌が発見された。

　天然痘は，1980年に世界保健機関によって根絶が宣言され，現在では関心が向けられることも少ないかもしれない。とはいえ，16世紀初頭のスペイン人征服者コルテスによるアステカ王国の征服の背景には，天然痘の流行があったことも指摘されている。また，清においては，康熙帝が幼少期に天然痘に罹患したことが知られており，乾隆帝の治世下において編纂された『御纂医宗金鑑』には，人痘接種法の記述がある。18世紀末になって，イギリス人の医師ジェンナーにより，人痘ではなく牛痘を用いる種痘法が発明された。

　コレラは，19世紀を代表する感染症であった。その流行の背景には，蒸気機関車，蒸気船の利用といった交通革命があった。ナポレオン3世の指示のもとパリ改造を行ったセーヌ県知事（　イ　）は，上下水道の整備を実現したが，こうした設備は感染症流行の防止に役立った。その後，コッホによるコレラ菌の発見を経て，公衆衛生の改善と医学の進歩のもと，コレラの流行は限定的なものになっている。

　20世紀以降，いわゆる先進諸国では，感染症が主要な死因ではなくなり，予防医学の関心は慢性疾患へと向けられるようになった。慢性疾患のひとつである糖尿病の治療薬インシュリンを1921年に発見したカナダの医学者バンティングは，早くも1923年にノーベル賞（生理学・医学賞）を受賞している。現在では，慢性疾患にも遺伝的な要因があることが次第に解明されつつある。遺伝に関する著名な（　ロ　）の法則は，オーストリア帝国のブリュンで1865年に最初に発表された。（　ロ　）が死去した後，この法則が再び注目を浴びるまで，1900年の3人の学者による再発見を待たなければならなかった。

A．文中の空所(イ)・(ロ)それぞれにあてはまる適当な語句をしるせ。

B．文中の下線部1)〜11)にそれぞれ対応する次の問1〜11に答えよ。

1．この人物が行ったことに該当しないものはどれか。次のa〜dから1つ選び，その記号をマークせよ。すべて該当する場合は，eをマークせよ。
   a．ヴァンダル王国を征服した　　　　b．ニケーア公会議を開催した
   c．ハギア＝ソフィア聖堂を再建した　d．『ローマ法大全』を編纂させた

2．この戦争を始めたイギリス国王は誰か。その名をしるせ。

3．この地域に関わる次の出来事a〜dのうち，もっとも古いものを解答欄のiに，次に古いものをiiに，以下同じようにivまで年代順にマークせよ。
   a．アロー号事件が起きた
   b．新界をイギリスが租借した
   c．南京条約により香港島がイギリスに割譲された
   d．北京条約により九竜半島南部がイギリスに割譲された

4．現在のメキシコシティにあたる，この王国の首都は何と呼ばれていたか。その名をしるせ。

5．この人物について，次の問i・iiに答えよ。
   i．この人物によって1681年に平定された，三藩の乱を起こした1人である雲南の藩王は誰か。その名をしるせ。
   ii．この人物の治世下に，ロシアとの間で締結された条約は何か。その名をしるせ。

6．この時期に作られたものはどれか。次のa〜dから1つ選び，その記号をマークせよ。あてはまるものがない場合は，eをマークせよ。
   a．『皇輿全覧図』　b．『五経大全』　c．『古今図書集成』　d．『四庫全書』

7．1807年にハドソン川でこれの試運転を行い，実用化を成功させたアメリカの技術者は誰か。その名をしるせ。

8．以下の文章は，この人物についてカール＝マルクスが著した『ルイ・ボナパルトのブリュメール18日』の一部である。これを読み，下線部i)〜iii)にそれぞれ対応する次の問i〜iiiに答えよ。

　　　ヘーゲルはどこかで，すべての偉大な世界史的事実と世界史的人物はいわば二度現れる，と述べている。彼はこう付け加えるのを忘れた。一度は偉大な悲劇として，もう一度はみじめな笑劇として，と。ダントンの代わりにコシディエール，ロベスピエールの代わりにルイ＝ブラン，1793〜95年のモンターニュ派の代わりに1848〜51年

のモンターニュ派，小男の伍長と彼の元帥たちの円卓騎士団の代わりに，借金を抱え
た中尉たちを手当たり次第にかき集めて引き連れたロンドンの警官！

（植村邦彦の訳による）

ⅰ．この人物が居住していたイエナでプロイセンを破ったナポレオン＝ボナパルトが，
1807年にプロイセン・ロシアと結んだ条約は何か。その名をしるせ。

ⅱ．この人物の主導により制定され，テルミドール9日のクーデタ後に廃止された，
物価統制のための法律は何か。その名をしるせ。

ⅲ．この人物は，1848年の二月革命によって樹立された臨時政府に参加した社会主義
者である。二月革命とその後のフランスについての説明として正しくないものはど
れか。次のa〜dから1つ選び，その記号をマークせよ。すべて正しい場合は，e
をマークせよ。

　　　a．国王ルイ＝フィリップはイギリスに亡命した

　　　b．失業者のための国立作業場が設置された

　　　c．男子普通選挙が同年4月に実施された

　　　d．農民は臨時政府の社会主義者を支持した

9．カナダに関わり生じた次の出来事a〜dのうち，もっとも古いものを解答欄のⅰに，
次に古いものをⅱに，以下同じようにⅳまで年代順にマークせよ。

　a．イギリスの自治領となった

　b．ウェストミンスター憲章が制定された

　c．国際連盟に加入した

　d．フレンチ＝インディアン戦争が起きた

10．この年のノーベル文学賞は，アイルランドの詩人イェイツが受賞した。アイルラン
ドに関わり生じた次の出来事a〜dのうち，もっとも古いものを解答欄のⅰに，次に
古いものをⅱに，以下同じようにⅳまで年代順にマークせよ。

　a．アイルランド自治法が成立した　　　b．アイルランド自由国が成立した

　c．イースター蜂起が起きた　　　　　　d．シン＝フェイン党が結成された

11．この国の皇帝フランツ＝ヨーゼフが，1867年にハンガリー王国の建設を認めた協定
のことを，「妥協」を意味するドイツ語で何と呼ぶか。その名をカタカナでしるせ。

解答 世界史

Ⅰ　**解答**　　**A．イ．** 洛邑　**ロ．** 戦国の七雄　**ハ．** アーリア人
ニ． ヴェーダ　**ホ．** リディア　**ヘ．** アフラ＝マズダ
ト． ソフィスト
B．1． 朱子学　**2．** ウパニシャッド　**3**—b　**4**—d　**5**—b
6． マニ教　**7**—e　**8．** アポロン　**9**—e
10．　i—d　**ⅱ．** 陶片追放〔オストラシズム〕　**11**—b　**12**—b

━━━━━━━ 解説 ━━━━━━━

《「枢軸時代」という概念》
A．イ． 周は都を鎬京から，東方の洛邑に移した。
ロ． 前5世紀末以降の中国では，韓・魏・趙・斉・燕・楚・秦の七国が互いに争った。
ト． 紀元前5世紀の古代ギリシアでは，プロタゴラスに代表されるソフィストが弁論術や政治・法律などを教える職業教師として活躍したが，ソクラテスは彼らの考え方を批判した。
B．1． 南宋の儒学者である朱熹は，従来の訓詁学に代えて，宇宙万物の正しい本質を問う朱子学を築いた。
2． ウパニシャッドは，宇宙の根源であるブラフマン（梵）と人間の本質であるアートマン（我）は同一であると説く梵我一如思想に基づいている。
3． a．誤り。モンテ＝カシノに修道院を設けたベネディクトゥスは，清貧・純潔・服従にもとづくベネディクトゥス戒律を定めた。c．誤り。無為自然は中国の老子によって説かれた。d．誤り。六信五行は，イスラーム教徒が信ずべき六つの信条と実行すべき五つの義務のことで，六信はアッラー・天使・啓典・預言者・来世・予定，五行は信仰告白・礼拝・喜捨・断食・巡礼を示す。
4． d．誤り。六十進法は，メソポタミアにおいて使用されていた。
5． ナザレのイエスは，ユダヤ教の律法主義や選民思想を痛烈に批判した。
6． マニ教は，ササン朝ペルシアでイラン人のマニによって創始された。
7． 洪水伝説を伝える古代シュメールの叙事詩は，『ギルガメッシュ叙事

詩』である。a・b．誤り。『イリアス』『オデュッセイア』は，ホメロス作と伝わる古代ギリシアの叙事詩である。c．誤り。『シャー=ナーメ』は，ガズナ朝のフィルドゥシーが著した叙事詩である。d．誤り。『ラーマーヤナ』は，古代インドの叙事詩である。

8． 古代ギリシアのデルフォイでは，アポロンの神殿が存在した。

9． シチリア島のシラクサ，現在のナポリにあたるネアポリス，黒海に面したビザンティオン，エーゲ海に面したミレトスなどは全て古代ギリシアの植民市である。

10．i．a．誤り。アテネの政治家であるクレイステネスは，陶片追放や十部族制などを導入した。b．誤り。ソフォクレスは古代ギリシア三大悲劇作家の一人で，『オイディプス王』を書いた。c．誤り。ドラコンはアテネの立法家で，慣習法の成文化を行った。

11． a．誤り。タレスは，万物の根源が水であると考えた。c．誤り。ピタゴラスは，万物の根源が数であると考えた。d．誤り。ヘラクレイトスは，万物の根源が火であると考えた。

12． a．誤り。『カンタベリ物語』は，14世紀にイギリスの詩人チョーサーによって書かれた。c．誤り。『デカメロン』は，14世紀にイタリアのボッカチオによって書かれた。d．誤り。『ユートピア』は，1516年に発表されたトマス=モアの著書である。

Ⅱ 解答　**A．イ．**オスマン　**ロ．**メンデル
B．1−b　**2．**エドワード3世
3． i−c　ii−a　iii−d　iv−b　**4．**テノチティトラン
5．i．呉三桂　**ii．**ネルチンスク条約　**6**−d　**7．**フルトン
8．i．ティルジット条約　**ii．**最高価格令　**iii**−d
9． i−d　ii−a　iii−c　iv−b
10． i−d　ii−a　iii−c　iv−b
11． アウスグライヒ

━━━━━━ 解説 ━━━━━━

《感染症の歴史》

A．イ．ナポレオン3世の指示を受け，オスマンはパリ改造に取り組み，上下水道の整備を行った。

ロ．修道院長であったメンデルは，えんどう豆の栽培を通じて，遺伝の法則を発見した。

B．1． b．誤り。ニケーア公会議を開催したのは，コンスタンティヌス帝である。

2． 百年戦争では，イギリスのエドワード3世がフランスの王位継承権を主張し，ヴァロワ朝のフィリップ6世と対立した。

3． アヘン戦争の講和条約である南京条約の締結は1842年，アロー号事件の勃発は1856年，アロー戦争の後に締結された北京条約は1860年，新界をイギリスが租借したのは1898年である。

4． アステカ王国の首都であるテノチティトランは，コルテスによって征服された。この首都の上に新たに建設されたのが，現在のメキシコシティである。

5．i． 清の第4代皇帝である康熙帝は，三藩の乱を起こした雲南の呉三桂を倒し，1681年に中国の統一を果たした。

ii． 康熙帝はロシア皇帝のピョートル1世との間でネルチンスク条約を結び，国境を画定した。

6． a．誤り。『皇輿全覧図』は，清の康熙帝の命により，イエズス会宣教師のブーヴェらが作成した中国全土の地図である。b．誤り。『五経大全』は，明の永楽帝が編纂させた五経の注釈書である。c．誤り。『古今図書集成』は，清の康熙帝の命により編纂が始まった百科事典で，雍正帝の治世下で完成した。

7． フルトンは蒸気機関を推進力とした蒸気船の実用化に成功した。

8．i． イエナの戦いで勝利したナポレオン=ボナパルトは，プロイセン・ロシアとティルジット条約を結んだ。この条約では，プロイセンの領土が削られる代わりに，ウェストファリア王国やワルシャワ大公国が建国された。

ii． ロベスピエールは，物価高騰を抑えるために最高価格令を定めたが，逆に混乱を招いた。そのため，この法律は，ロベスピエールの政権が倒れる一つの要因となった。

iii． d．誤り。農民の多くは，急激な改革を嫌ったため，ルイ=ブランに代表される社会主義者を支持しなかった。

9． フレンチ=インディアン戦争が勃発したのは1754年，カナダがイギリ

スの自治領になったのは 1867 年，カナダが国際連盟に加入したのは 1920
年，ウェストミンスター憲章が制定されたのは 1926 年である。

10. シン=フェイン党が結成されたのは 1905 年，アイルランド自治法が成
立したのは 1914 年，イースター蜂起が起こったのは 1916 年，アイルラン
ド自由国が成立したのは 1921 年である。

11. やや難。1866 年のプロイセン=オーストリア戦争で敗北したオースト
リア帝国は，ハンガリー王国の建設を認めた。これを「妥協」を意味する
ドイツ語でアウスグライヒと呼ぶ。この結果，オーストリア=ハンガリー
二重帝国がうまれた。

////////////////// · **memo** · //////////////////

//////////////// · **memo** · ////////////////

2023 年度

問題と解答

2月12日実施分　　問題　日本史

（60 分）

Ⅰ．次の文1〜7を読み，下記の設問A・Bに答えよ。解答は解答用紙の所定欄にしるせ。

1．縄文時代前期，現在の大阪平野にあたる地域の多くの部分には海が広がり，上町台地が半島のように突き出ていたと考えられている。その後，陸地の範囲は次第に増加した。現在の大阪府のさまざまな地域で弥生時代の遺跡がみつかっており，<u>周囲を環濠で囲まれた大規模な集落の遺跡</u>は，当時の状況を知る貴重な手がかりとなる。古墳時代中期には，（　イ　）古墳群の大仙陵古墳をはじめ多くの巨大な古墳が大阪平野につくられた。このことから，この地域を拠点にしてヤマト政権の大王の権力が強まったことが示唆される。

2．蘇我氏と物部氏は仏教の受容をめぐって対立したが，6世紀後半，仏教の受容に積極的な蘇我馬子が物部守屋を滅ぼした。諸豪族によって各地に建てられた氏寺は豪族の権威を示すものとなった。現在の大阪市に建立された<u>四天王寺</u>は，この時代を代表する寺院の1つである。

3．上町台地の北端にある現在の大阪城の南に，阪神高速道路を挟んで難波宮跡公園があり，発掘調査によって2つの時期の宮殿遺構がみつかっている。前期のものは，<u>孝徳天皇</u>の時代の遷都にともなって造営された難波長柄豊碕宮の可能性が高いと考えられており，のちの火災の痕跡もある。後期のものは，<u>聖武天皇</u>の時代に藤原宇合を知造難波宮事に任じるなどして再建されたものであると考えられている。難波宮は，聖武天皇の時代に一時，都とされた。

4．9世紀末から<u>10世紀</u>にかけて，地方政治の変化の中で武士が成長し，武士団を形成し始めた。11世紀になると，源氏と平氏は地方武士団を広く組織し，大きな勢力を築くようになった。清和源氏出身で藤原道長に仕えたこともある（　ロ　）は，11世紀前半に東国で広がった乱を鎮圧し，源氏の東国進出のきっかけをつくった。（　ロ　）が河内

に本拠を置いたことから（　ロ　）の系統は河内源氏とも呼ばれ，その後，源氏の本流とみなされるようになった。

5．鎌倉時代末期から南北朝時代にかけて，現在の大阪府地域は，しばしば戦いの舞台となった。1331年，後醍醐天皇の倒幕計画に呼応した楠木正成は，河内の赤坂城で兵を挙げた。この倒幕計画は失敗し，赤坂城も陥落したが，楠木正成は翌年再び兵を挙げ，河内の千早城に立てこもって幕府軍をひきつけた。

　　南北朝の動乱の初期には和泉の石津で合戦が行われた。この合戦で南朝側の北畠顕家が敗死するなど，南朝の形勢は不利であった。その後，南朝側は一時的に京都を奪還したこともあったが，1348年に河内の四条畷で楠木正成の子の正行が高師直らの軍との戦いに敗れて戦死した。これをきっかけに，南朝は行宮を賀名生に移すことを余儀なくされた。

6．室町・戦国時代には都市が発達した。熱心な布教活動を行い，浄土真宗を広めた本願寺の蓮如は，晩年，摂津の石山に御坊を建てた。京都の町衆らがむすんだ（　ハ　）によって山科の本願寺が焼かれたのち，石山御坊は本願寺となった。石山には（　ニ　）町が形成され，経済活動も活発であった。石山本願寺は織田信長に抵抗して屈伏させられたが，豊臣秀吉はその跡に大坂城を築いた。

　　摂津と和泉の国境付近に所在した堺は，港町として発展し，大いに繁栄した。堺の町人は文化の担い手となり，小歌では，堺の商人が節づけをした（　ホ　）節が民衆の間で流行した。

7．江戸時代には，海運や堀川の整備などによって流通が発展した。たとえば，日本海側の物資は，（　ヘ　）が整備した西廻り海運によって大坂に運ばれてきた。西廻り海運では，18世紀には（　ト　）船が就航し，蝦夷地や北陸地方などの産物を大坂方面へ運んだ。（　ヘ　）が行った安治川の工事は，治水工事であるとともに，水上交通の改善にも寄与した。大坂に集まってきた大量の物資に関し，品目ごとの卸売市場もできた。米市場は特に有名であり，大坂の米市場のにぎわいは，（　チ　）が著した『日本永代蔵』にもあらわれている。商業都市として発展した大坂では，その繁栄を背景として豪商が登場した。大坂の町人は，元禄期に発展した多彩な文化の担い手となった。当時，全国から多くの物資が集まり大坂の繁栄の中心となった中之島と堂島川・土佐堀川の沿岸には，今日，明治以降に建築された近代建築の狭間に当時をしのばせる史跡がみられる。

A．文中の空所(イ)～(チ)それぞれにあてはまる適当な語句をしるせ。

B．文中の下線部1)～12)にそれぞれ対応する次の問1～12に答えよ。

1．大阪府に所在するこれとして正しいのはどれか。次のa～dから1つ選び，その記
　号をマークせよ。

　　a．池上曽根遺跡　　　　　　　　　b．唐古・鍵遺跡

　　c．荒神谷遺跡　　　　　　　　　　d．菜畑遺跡

2．これの伽藍配置として正しいのはどれか。次のa～dから1つ選び，その記号をマ
　ークせよ。

a.

		講堂		
回廊		金堂		
	金堂	塔	金堂	
		中門		

南大門

b.

	講堂	
回廊	金堂	
	塔	
	中門	

南大門

c.

	講堂	
回廊	塔　金堂	
	中門	

南大門

d.

	講堂	
回廊	金堂	
西塔	中門	東塔

南大門

3．次の史料は，これの在位中に出されたと伝えられる詔の一部である。この史料の空
　所〈あ〉・〈い〉それぞれにあてはまる語句の組み合わせとして正しいのはどれか。下記
　のa～dから1つ選び，その記号をマークせよ。なお，史料は一部改変してある。
　　　昔在の天皇等の立てたまへる子代の民，処々の屯倉，及び，別には臣・連・伴造・
　　国造・村首の所有る＜　あ　＞の民，処々の＜　い　＞を罷めよ。仍りて食封を大夫
　　より以上に賜ふこと，各差あらむ。(『日本書紀』，原漢文)

　　a．〈あ〉：部曲　〈い〉：田荘　　　b．〈あ〉：部曲　〈い〉：名田

　　c．〈あ〉：田堵　〈い〉：田荘　　　d．〈あ〉：田堵　〈い〉：名田

4．これの在位中におきた次の出来事a～dのうち，もっとも古いものを解答欄のiに，

次に古いものをⅱに，以下同じようにⅳまで年代順にマークせよ。

　　a．玄昉が唐から帰国した

　　b．国分寺建立の詔が出された

　　c．墾田永年私財法が発布された

　　d．藤原広嗣が反乱をおこした

5．この時期におきた次の出来事 a〜d のうち，もっとも古いものを解答欄の i に，次
　　に古いものをⅱに，以下同じようにⅳまで年代順にマークせよ。

　　a．左大臣の源高明が左遷された

　　b．瀬戸内海の海賊を率いて反乱をおこした藤原純友が討たれた

　　c．藤原元命が「尾張国郡司百姓等解」によって訴えられた

　　d．三善清行が「意見封事十二箇条」を提出した

6．この時代に関係する著作物に関する記述として正しいのはどれか。次の a〜d から
　　1つ選び，その記号をマークせよ。

　　a．『神皇正統記』は北朝の立場から皇位継承の道理を説いた

　　b．『太平記』は琵琶法師によって流布された

　　c．『梅松論』は武家の側から足利尊氏の活躍を描いた

　　d．『水鏡』はこの時代を公家社会の側から描いた

7．これに関する次の文中の空所〈う〉にあてはまる語句をしるせ。

　　　親政をはじめた後醍醐天皇は，東北地方に＜　う　＞を置き，皇子を派遣するとと
　　もに，これに補佐をさせた。

8．これに関する次の文中の空所〈え〉にあてはまる語句をしるせ。

　　　これは，伝統的権威をものともせず破天荒な振る舞いをしたことから，佐々木導誉
　　らとともに＜　え　＞大名として有名である。

9．これの開祖と仰がれた親鸞に関する記述として正しいのはどれか。次の a〜d から
　　1つ選び，その記号をマークせよ。

　　a．旧仏教勢力から非難された結果，越後に流された

　　b．『選択本願念仏集』を著し，専修念仏の教えを説いた

　　c．題目を唱えることによって救われると説いた

　　d．弟子の慈円は，親鸞の言行を『歎異抄』に書き記した

10．これに関する記述として正しくないのはどれか。次の a〜d から 1 つ選び，その記
　　号をマークせよ。

　　a．大内義弘はここで挙兵し，足利義満によって鎮圧された

　　b．織田信長はこれを屈伏させて直轄地とした

　　　c．これの商人であった千利休は，村田珠光に学び，侘茶を大成した

　　　d．36人の会合衆によって運営された時期があり，ガスパル＝ヴィレラはこの町をベ

　　　　ニスになぞらえた

11．大坂で活躍したこれに関する次の文ⅰ～ⅳについて，その記述が正しいものの組み

　　合わせはどれか。下記のａ～ｄから１つ選び，その記号をマークせよ。

　　ⅰ．鴻池家は両替商を営み，新田開発も行った

　　ⅱ．住友家は大坂に銅吹所を設け，別子銅山も開いた

　　ⅲ．天王寺屋は呉服店を創立し，「現金かけ値なし」の商法で発展をとげた

　　ⅳ．淀屋辰五郎は米市場で財をなし，高瀬川を開削した

　　　　ａ．ⅰ・ⅱ　　　　　ｂ．ⅰ・ⅳ　　　　　ｃ．ⅱ・ⅲ　　　　　ｄ．ⅲ・ⅳ

12．これに関する次の文ⅰ・ⅱについて，その記述の正誤の組み合わせとして正しいの

　　はどれか。下記のａ～ｄから１つ選び，その記号をマークせよ。

　　ⅰ．坂田藤十郎は荒事を得意とした

　　ⅱ．竹本座が創設され，『曽根崎心中』などが上演された

　　　　ａ．ⅰ：正　ⅱ：正　　　　　　ｂ．ⅰ：正　ⅱ：誤

　　　　ｃ．ⅰ：誤　ⅱ：正　　　　　　ｄ．ⅰ：誤　ⅱ：誤

Ⅱ．次の文１～３を読み，下記の設問Ａ・Ｂに答えよ。解答は解答用紙の所定欄にしるせ。

１．江戸城本丸には，正室をはじめとする将軍の家族の住居である（　イ　）が置かれた。

　将軍は（　イ　）とは隔てられた場所にある御座の間で日常の政務をとり，御座の間から

　少し離れた場所には老中や老中を補佐して旗本を監督する（　ロ　）の御用部屋が置かれて

　いた。側衆たち役人が将軍御座と御用部屋とを行き来して将軍の意思を伝達したのである。

　　（　イ　）の女性たちは政治的な力量を発揮することもあった。とくに幕末には，13

　代将軍の正室であった島津家出身の天璋院が，東征軍の参謀で後に明治六年の政変で新

　　　　　　　　　　　　　　　　　　　　　　　1)

　政府の参議を辞職することになる同郷の（　ハ　）の協力を得て，江戸城無血開城に一

　役買った。公武合体政策として14代将軍家茂の妻に迎えられた孝明天皇の妹である

　（　ニ　）も，朝廷に徳川家存続の嘆願を行ったことが分かっている。

　　江戸時代には，貝原益軒の著した『和俗童子訓』にみられるいわゆる三従の教えと呼

　　　　　　　　　　　　　　　　　　　　　　　　　　　　　　　　2)

　ばれる女性が守るべき道徳が存在していた。だが，この教えは必ずしも厳密に守られて

　いたわけではなかった。

2．明治期の政治の近代化は，政治から女性を排除していった。明治憲法と同時に1889年に公布された衆議院議員選挙法は，男性有産者にのみ国政参加を限定した。翌年制定された集会及政社法は女性の政社加入と政談集会発起・参加の禁止を明記し，これを継承した治安警察法も政治からの女性排除規定を設けた。山村の住民たちの討論をもとに（　ホ　）が起草した，私擬憲法として名高い「五日市憲法草案」も，女性参政権を否定した。そのようななかで，『天賦人権弁』や「東洋大日本国国憲按」を著した（　ヘ　）は女性の参政権を主張した数少ない民権家であった。

　女性の政治参加は閉ざされたものの，工業化の進展にともない，繊維産業における女性労働者の比重は極めて高かった。石原修の『女工と結核』は，日本初の労働者保護法である（　ト　）施行前には，16時間をこえる労働時間の工場もあり，不衛生が相まって，女工に結核が蔓延する原因となったと伝えている。炭鉱でも多くの女性が働いた。筑豊の炭鉱では，多くの場合，男女がペアとなり，男が先山，女が後山として働いたのである。

　1920年代になると，女性の坑内労働は一部の例外を除いて禁止されることが決まった。労働運動においても，女性労働者の月経時の休養等が要求されるようになった。日本女子大学を卒業し，内務省に入った谷野せつは，女性官僚のさきがけとして女性の労働実態調査のとりまとめに従事した。

3．第二次世界大戦後になると，ようやく女性参政権が実現するとともに，日本国憲法の精神に基づいて，民法や刑法などの諸法律の民主的改正も行われた。とりわけ注目されるのは，戸主の家族員に対する支配権が否定され，戸主の財産と身分を1人の人が受け継ぐ（　チ　）相続制度が廃止されて財産の均分相続が定められるなど，婚姻・家族関係における男性優位の諸規定が廃止されたことである。冷戦の本格化にともない占領政策が転換すると，「家」制度を復活させようとする動きも強まった。ただし，この頃の社会運動における女性の比重は増していた。たとえば，1955年に（　リ　）県で開催された第1回原水爆禁止世界大会に至る原水爆禁止運動の拡大は，東京都杉並区の女性たちが出した杉並アピールが，その発端の1つとなっていたことは広く知られている。

　日本の高度成長期には，女性が育児期に就労を中断し，子育てが一段落してから働くというライフスタイルが広がったことが国勢調査からうかがえる。1960年代には，高等学校の科目「家庭一般」が，原則，普通科女子の必修とされるなど，家事・育児を主に女性に担わせようとする動きも強まった。

A．文中の空所(イ)〜(リ)それぞれにあてはまる適当な語句をしるせ。

B．文中の下線部1)〜9)にそれぞれ対応する次の問1〜9に答えよ。

1．これに関する次の文 i・ii について，その記述の正誤の組み合わせとして正しいのはどれか。下記の a 〜 d から 1 つ選び，その記号をマークせよ。

　i．会津藩はこれに強く抵抗して激戦となり，少年の白虎隊や女性たちも戦闘に参加した

　ii．相楽総三が組織した赤報隊は，年貢半減を掲げて民衆をひきつけ，これの先鋒として進撃したため，後に新政府に表彰された

　　a．i：正　ii：正　　　b．i：正　ii：誤

　　c．i：誤　ii：正　　　d．i：誤　ii：誤

2．これの内容について，50字以内で説明せよ。

3．これに関連して，帝国議会に関する記述として正しいのはどれか。次の a 〜 d から 1 つ選び，その記号をマークせよ。

　a．貴族院は，皇族と華族のみから構成されていた

　b．衆議院は予算先議権を持たなかったが，その他の点では貴族院と対等だった

　c．内閣の各大臣は天皇には責任を負わないが，議会には責任を負うものとされた

　d．予算案が不成立の場合には，政府は前年度予算を新年度予算とすることができた

4．これに関する記述として正しいのはどれか。次の a 〜 d から 1 つ選び，その記号をマークせよ。

　a．官営の大阪紡績会社が設立された

　b．東洋拓殖会社が鞍山製鉄所を設立した

　c．豊田佐吉らが国産の力織機を考案した

　d．八幡製鉄所の建設資金には日露戦争の賠償金が当てられた

5．以下はこれに関する絵画である。この絵画の作者の作品は2011年にユネスコの世界記憶遺産に登録された。この作者は誰か。その名をしるせ。

6．これに関する記述として正しくないのはどれか。次のa〜dから1つ選び，その記号をマークせよ。

　a．これが中心となって，第1回内国勧業博覧会が上野で開催された

　b．これは，第二次世界大戦後にGHQの命令によって廃止された

　c．これは，全国の警察組織を統轄した

　d．初代内務卿として松方正義が就任した

7．これは1947年に一部改正された。この改正に関する次の文i・iiについて，その記述の正誤の組み合わせとして正しいのはどれか。下記のa〜dから1つ選び，その記号をマークせよ。

　i．姦通罪と大逆罪が廃止された

　ii．不敬罪は廃止されなかった

　　a．i：正　ii：正　　　b．i：正　ii：誤

　　c．i：誤　ii：正　　　d．i：誤　ii：誤

8．これに関する次の出来事a〜dのうち，もっとも古いものを解答欄のiに，次に古いものをiiに，以下同じようにivまで年代順にマークせよ。

　a．北大西洋条約機構の結成

　b．朝鮮民主主義人民共和国の建国

　c．マーシャルプランの発表

　d．ワルシャワ条約機構の結成

9．この時代の出来事でないのはどれか。次のa〜dから1つ選び，その記号をマークせよ。

　a．第4次中東戦争の勃発で石油危機がおこった

　b．農業基本法が制定された

　c．ビートルズが来日した

　d．美濃部亮吉が東京都知事に初めて当選した

解答編

2月12日実施分　　　解答　日本史

I 　**解答**　A．イ．百舌鳥　ロ．源頼信　ハ．法華一揆　ニ．寺内
ホ．隆達　ヘ．河村瑞賢〔河村瑞軒〕　ト．北前
チ．井原西鶴
B．1－a　2－b　3－a　4．i－a　ii－d　iii－b　iv－c
5．i－d　ii－b　iii－a　iv－c　6－c　7．陸奥将軍府
8．バサラ〔ばさら〕　9－a　10－c　11－a　12－c

◀解　説▶

≪原始～近世の大坂≫

A．イ．百舌鳥古墳群は，大阪府堺市の台地上にある，古墳時代中期に築かれた古墳の総称。大仙陵古墳を中心とする。

ロ．「清和源氏出身」「藤原道長に仕えた」「11世紀前半に東国で広がった乱を鎮圧」「源氏の東国進出のきっかけをつくった」などから，源頼信を想起したい。源頼信は，上総で起こった平忠常の乱を鎮圧して，源氏の東国進出のきっかけをつくった。

ハ．「山科の本願寺が焼かれた」のは，1532年に発生した法華一揆でのこと。法華一揆とは，京都の町衆を中心に，日蓮宗徒が結成した一揆。

B．1．aが正解。bの唐古・鍵遺跡は奈良県，cの荒神谷遺跡は島根県，dの菜畑遺跡は佐賀県に所在する。

2．bが正解。aは飛鳥寺式，cは法隆寺式，dは薬師寺式の伽藍配置。

4．a．「玄昉が唐から帰国」（735年）→d．「藤原広嗣が反乱をおこした」（740年）→b．「国分寺建立の詔が出された」（741年）→c．「墾田永年私財法が発布された」（743年）の順となる。aの西暦年を明確に覚えている受験生は少ないだろうが，dの藤原広嗣が，橘諸兄政権に重用された吉備真備と玄昉の排除を求めて反乱を起こしたことを想起すれば，dよりaの方が前の出来事であると判断できるだろう。

5．d．「三善清行が『意見封事十二箇条』を提出」（914年）→b．「藤原純友が討たれた」（941年）→a．「源高明が左遷された」（969年）→c．「藤原元命が『尾張国郡司百姓等解』によって訴えられた」（988年）の

順となる。

6．c．正文。a．誤文。『神皇正統記』は，北朝ではなく，南朝の立場
で記述された。b．誤文。『太平記』は，琵琶法師ではなく，講釈師によ
って流布された。d．誤文。『水鏡』は神武天皇から 850 年の仁明天皇ま
での歴史を描いた。なお，南北朝期に成立した『増鏡』は公家の立場で描
かれたが，記述されたのは後鳥羽天皇の誕生から後醍醐天皇の京都帰還ま
でで，南北朝時代については記されていない。

9．a．正文。b．誤文。『選択本願念仏集』を著し，専修念仏の教えを
説いたのは法然。c．誤文。題目を唱えることによって救われると説いた
のは日蓮。d．誤文。『歎異抄』の作者は，慈円ではなく，唯円。

10．c．誤文。千利休は，村田珠光ではなく，武野紹鷗に学び，侘茶を大
成した。

11．a が正解。i・ii．正文。iii．誤文。「現金かけ値なし」の商法で発
展したのは，天王寺屋ではなく，三井家。iv．誤文。高瀬川を開削したの
は，淀屋辰五郎ではなく，角倉了以。

12．c が正解。i．誤文。坂田藤十郎は，荒事ではなく，和事を得意とし
た。ii．正文。

　II 　**解答** 　A．イ．大奥　ロ．若年寄　ハ．西郷隆盛　ニ．和宮
　　　　　　　　ホ．千葉卓三郎　ヘ．植木枝盛　ト．工場法　チ．家督
リ．広島

B．1−b

2．女性としての心がまえで，家にあっては父に従い，嫁しては夫に従い，
夫の死後は子に従うという内容だった。(50 字)

3−d　4−c　5．山本作兵衛　6−d　7−b

8．i−c　ii−b　iii−a　iv−d　9−a

━━━━━◀解　説▶━━━━━

≪近世〜現代の女性史≫

A．イ．大奥は，入試用語としての意識は低かったかもしれないが，「(
イ　)の女性たちは政治的な力量を発揮することもあった」などをヒント
にしたい。問題文に登場してくる「天璋院」とは，13 代将軍徳川家定の
正室となった天璋院篤姫のこと。

ハ．「島津家出身……同郷」から薩摩藩を想起したい。明治六年の政変で
は，薩摩藩出身の西郷隆盛，土佐藩出身の板垣退助・後藤象二郎，肥前藩
出身の江藤新平・副島種臣らが政府の参議を辞職することになった。

リ．アメリカの水爆実験によって被爆者を出した第五福龍丸事件を契機に，
第1回原水爆禁止世界大会が開かれた。同大会は世界で初めて原子爆弾が
投下された広島県で開催された。

B．1．bが正解。ⅰ．正文。ⅱ．誤文。赤報隊は，相楽総三を隊長とし
た草莽隊の一つ。倒幕運動に加わり，東征軍の先鋒として東山道を進撃し，
年貢半減令を掲げたが，のち偽官軍とされ，隊長の相楽を含め幹部8人が
処刑されて解消した（「後に新政府に表彰された」は誤り）。

2．三従の内容について説明させる問題。「内容」について問われている
ので，「（三従とは）……という内容だった」という構成で考えていくと，
要求にしたがった答案を作成しやすいだろう。「三従の教え」とは，貝原
益軒の『和俗童子訓』のなかで紹介された，女性が守るべきとされた心が
まえのこと。

3．d．正文。a．誤文。貴族院は皇族議員・華族議員らの世襲（互選）
議員と，勲功や学識ある者から選ばれる勅選議員，多額納税者議員で構成
されていた。b．誤文。予算先議権は衆議院が有した。その他の点におい
ては貴族院と対等であった。c．誤文。内閣の各大臣は天皇に責任を負う
ものとされた。

4．c．正文。a．誤文。大阪紡績会社は，渋沢栄一らが設立した民営の
紡績会社。b．誤文。鞍山製鉄所は，東洋拓殖会社ではなく，南満州鉄道
株式会社によって設立された。d．誤文。八幡製鉄所は，日露戦争ではな
く，日清戦争の賠償金が当てられて設立された。

5．やや難。山本作兵衛は筑豊炭田の様子を記録画として描いた。この記
録画は日本で初めてユネスコの世界記憶遺産（現・世界の記憶）に登録さ
れた。

出典追記：山本作兵衛「立ち掘り」©Yamamoto Family

6．d．誤文。初代内務卿は，松方正義ではなく，大久保利通。

7．bが正解。ⅰ．正文。ⅱ．誤文。1947年の刑法改正によって，不敬
罪は姦通罪・大逆罪とともに廃止となった。

8．c．「マーシャルプランの発表」（1947年）→b．「朝鮮民主主義人民

共和国の建国」(1948年)→ a .「北大西洋条約機構の結成」(1949年)→ d .
「ワルシャワ条約機構の結成」(1955年) の順となる。
9 ． a ．誤文。第4次中東戦争の勃発で石油危機が起こったのは，1973
年。1960年代の出来事ではないため，誤り。

❖講　評

　2023年度は，2022年度同様，大問数が2題，小問数が38問，試験時
間が60分であった。また， I では原始～近世， II では近世～現代が取
り上げられた。史料問題や図版を用いた問題も出題された。
　 I 　大坂を題材に原始～近世史が出題された。設問の半分近くが，記
述式の問題であったため，正確に漢字を表記する能力が求められた。
　 II 　女性史を題材に，近世～現代史が出題された。定番となりつつあ
る論述問題では三従の内容について問われた。また，図版問題では，ユ
ネスコの世界記憶遺産に日本で初めて登録された山本作兵衛の作品が出
題された。

2月13日実施分　　　問題　日本史

（60分）

I．次の文1〜5を読み，下記の設問A・Bに答えよ。解答は解答用紙の所定欄にしるせ。

1．律令制度において，全国は畿内と七道に分けられた。駅路や伝路も整備され，各駅には駅馬，郡家には伝馬が置かれ，官人の公用に用いられた。他方，民衆の調・庸の運脚の場合は，食料も自弁が原則であり重い労苦をともなうものであった。兵役では，各地の軍団への出仕のほか，一部には宮城や京を警備する（　イ　）となる者や，防人として，（　ロ　）道を統轄する大宰府に配される者もいた。

　　武蔵国は，8世紀後半，東山道から東海道へと所属替えが行われた。道路としての東
1)
海道は，諸河川を河口付近で渡河するという難所が多かったが，次第に舟や橋が整備されていった。それでも，（　ハ　）の娘が著した『更級日記』には，11世紀前半，上総
2)
介の任期を終えて京へ帰る（　ハ　）たちとの難儀さで満ちた東海道の旅の様子がしるされることとなった。

2．鎌倉幕府は，鎌倉と京の間に宿を置いて駅制を整備し，各地から鎌倉と京への往来もさかんになった。13世紀の東海道の旅の様子は『東関紀行』や，阿仏尼が所領争論の解決をめざして鎌倉に向かった時の紀行文である『（　ニ　）』にもしるされている。

　　院政期，白河上皇や鳥羽上皇もみずから熊野詣や高野詣を繰り返したように，平安時
3)　　　　　　　　　　　　　4)
代には貴族の間で社寺参詣が盛んになった。それは，やがて武士社会にも広がり，鎌倉時代末期には伊勢参宮や高野詣が盛んになっていった。

　　日本列島外との交通においても，宋や高麗の商人が頻繁に来航し，大量の宋銭がもたらされ地方にまで浸透した。また，列島と中国大陸の間の僧侶の往来も続き，宋に渡った栄西や（　ホ　）によって禅宗が伝えられ，（　ホ　）は越前に永平寺を開いた。13世紀後半，文永の役・弘安の役があったが，その時期を除いて列島と大陸との往来は活
5)
発で，14世紀には，寺院造営費用調達のため元に向けた公許貿易船が出されたことが知られている。

3．室町時代には，社寺・国司・地方豪族などが様々な名目で関を濫設し関銭を徴収する
　　ようになった。戦国時代になると，このような経済的な関は戦国大名によって掌握され，
　　　　　　　　　　　　　　　　　　　　　　　　　　　　　　　　6)
　　他国との交通を取り締まるための軍事的な関が新設されるようになる一方，領国内の宿
　　駅や伝馬といった交通制度の整備も進められた。また，応仁・文明の乱により京都を離
　　　　　　　　　　　　　　　　　　　　　　　　　　　7)
　　れた公家や僧侶らは，京都の文化を地方に及ぼすことになった。連歌に対しては戦国大
　　名たちの関心が高く，連歌師の（　ヘ　）は，兼載らとともに『新撰菟玖波集』を編集
　　した。（　ヘ　）は，諸大名の城下町を訪れて連歌会を挙行するなど諸国を旅した。

4．織豊政権は，戦国時代に設けられた分国的障壁を除去することをめざし，関所の撤廃
　　や道路・橋の整備に注力した。徳川家康も分国的障壁の除去を推し進め，関ヶ原の戦い
　　に勝利してほどなく東海道や中仙道に伝馬制を実施していった。
　　　徳川家光が発布した武家諸法度（寛永令）により参勤交代制が整備されたことは，沿
　　　　　　　　　　　8)
　　道筋の宿・農村に少なからぬ影響をもたらすこととなった。宿には伝馬役が課せられて
　　規定の人馬が常備され，さらに周辺の村々からは（　ト　）役の人馬（人足と馬）が徴
　　発され，村々にとって重い負担となった。

5．17世紀後半，松尾芭蕉は，江戸を出立して奥羽・北陸をめぐり大垣に至る旅をおこな
　　った。これは後に『奥の細道』としてまとめられた。『奥の細道』の中，芭蕉は，平泉で
　　奥州藤原氏の栄華のあとに言及し，立石寺や永平寺など各地で寺社に参詣したことをし
　　9)
　　るした。
　　　申維翰が，製述官として随行した18世紀前半の朝鮮使節は，徳川吉宗の将軍職襲位祝
　　　　　　　　　　　　　　　　　　　　　　10)
　　賀のため派遣された使節であった。この使節に対馬から同行したのが対馬藩につかえる
　　儒者の雨森芳洲で，申維翰の『海游録』には，雨森との交流もしるされている。
　　　　　11)
　　「長崎ハルマ」と呼ばれることになる蘭日辞典を編纂したことでも知られるドゥーフ
　　は，1800年代から1810年代の10数年間，オランダ商館長をつとめ，フェートン号事件
　　　　　　　　　　　　　　　　　　　　　　　　　　　　　　　　12)
　　に遭遇・対応した。ケンペルがオランダ商館長に同行した1690年代の江戸参府は，2年
　　連続でおこなわれたことが記録されているが，19世紀初頭の江戸参府は，すでに毎年で
　　はなくなっており，ドゥーフの江戸参府は10数年間の在任期間中で3回であった。

A．文中の空所（イ）〜（ト）それぞれにあてはまる適当な語句をしるせ。

B．文中の下線部1）〜12)にそれぞれ対応する次の問1〜12に答えよ。
　　なお，文中で史料を取り上げる場合は一部改変してある。

1．この出来事より後の時期の出来事a～dのうち，もっとも古いものを解答欄のiに，次に古いものをiiに，以下同じようにivまで年代順にマークせよ。

　　a．紀古佐美が征東大使として任命され大軍を進めたが，大敗を喫した

　　b．軍事的緊張のある地域を除いて軍団と兵士を廃止し，かわりに健児制を設けた

　　c．伊治呰麻呂が乱を起こし，多賀城を焼いた

　　d．坂上田村麻呂が胆沢城を築いた

2．この時期に生じた出来事に関する記述として正しいものはどれか。次のa～dから1つ選び，その記号をマークせよ。

　　a．空海によって綜芸種智院が設立された

　　b．空也が民間で，阿弥陀信仰を広めるために念仏行脚した

　　c．乾元大宝の鋳造が開始された

　　d．房総地方でおきた平忠常の乱が鎮定された

3．この人物に関する次の文i・iiについて，その記述の正誤の組み合わせとして正しいのはどれか。下記のa～dから1つ選び，その記号をマークせよ。

　　i．この上皇とこの上皇の信任を得た平清盛によって蓮華王院が造営された

　　ii．この上皇の時に新たに北面の武士とよばれる警護の武士団が配置された

　　　　a．i：正　ii：正　　　　　b．i：正　ii：誤

　　　　c．i：誤　ii：正　　　　　d．i：誤　ii：誤

4．保元の乱後に政治の主導権を握った人物で，平清盛がこれで不在の時を選んで挙兵した藤原信頼や源義朝によって自害に追いやられた人物は誰か。その名をしるせ。

5．これに関する記述として正しいのはどれか。次のa～dから1つ選び，その記号をマークせよ。

　　a．これでは，元・高麗連合軍が，対馬・壱岐を襲ったのち，博多湾に上陸した

　　b．これでは，南宋を滅ぼした元が，中国南部の人びとも動員して遠征を行った

　　c．これに先立って，元からの使者として虎関師錬が来日し，その教えを受けた一山一寧によって『元亨釈書』が著された

　　d．これの際の執権は，北条高時であった

6．これによる家訓・家法・分国法に関する次の文i・iiについて，その記述の正誤の組み合わせとして正しいのはどれか。下記のa～dから1つ選び，その記号をマークせよ。

　　i．『朝倉孝景条々』では，「・・・惣別分限あらん者，一乗谷へ引越，郷村には代官ばかり置かるべき事。」として，重臣の城下町集住を指示した。

　　ii．『今川仮名目録』では，「駿府の中，不入地の事，これを破り畢んぬ。各異儀に

及ぶべからず。」として，守護不入権の否定を示した。

  a．ⅰ：正 ⅱ：正   b．ⅰ：正 ⅱ：誤

  c．ⅰ：誤 ⅱ：正   d．ⅰ：誤 ⅱ：誤

7．15世紀前半からこれの前後までの出来事 a～d のうち，もっとも古いものを解答欄のⅰに，次に古いものをⅱに，以下同じようにⅳまで年代順にマークせよ。

  a．足利成氏が上杉憲忠を謀殺した

  b．足利政知が幕府から派遣されたが，伊豆の堀越にとどまった

  c．上杉禅秀が鎌倉公方の足利持氏らに対して反乱をおこした

  d．結城氏朝が反乱をおこした。

8．これの説明として正しいのはどれか。次の a～d から1つ選び，その記号をマークせよ。

  a．50歳未満の大名に対して末期養子を認めた

  b．500石積み以上の船の建造が禁止された

  c．これの冒頭で「文武忠孝を励し，礼儀を正すべき事」が明示された

  d．殉死の禁止が条文化された

9．これに関する次の文ⅰ・ⅱについて，その記述の正誤の組み合わせとして正しいのはどれか。下記の a～d から1つ選び，その記号をマークせよ。

  ⅰ．このうちの藤原基衡によって中尊寺金色堂が建立された

  ⅱ．これは，東北で産出する良馬や砂金，北方の産物である毛皮や昆布の交易を通じて大きな富を得た

  a．ⅰ：正 ⅱ：正   b．ⅰ：正 ⅱ：誤

  c．ⅰ：誤 ⅱ：正   d．ⅰ：誤 ⅱ：誤

10．これに関する次の文ⅰ・ⅱについて，その記述の正誤の組み合わせとして正しいのはどれか。下記の a～d から1つ選び，その記号をマークせよ。

  ⅰ．江戸時代における第1回から第3回のこれは「回答兼刷還使」と呼ばれ，第4回から「通信使」と呼ばれた

  ⅱ．申維翰が製述官として随行した時のこれに対して，新井白石は，朝鮮から日本宛の国書にしるされていた「日本国王大君殿下」を「日本国王」に改めさせた

  a．ⅰ：正 ⅱ：正   b．ⅰ：正 ⅱ：誤

  c．ⅰ：誤 ⅱ：正   d．ⅰ：誤 ⅱ：誤

11．この人物の説明として正しいのはどれか。次の a～d から1つ選び，その記号をマークせよ。

  a．荻生徂徠の門下であり，『経済録』を著したことで知られている

　　b．木下順庵の門下であり，新井白石と同門であった

　　c．谷時中の門下であり，野中兼山と同門であった

　　d．中江藤樹の門下であり，『大学或問』を著したことで知られている

12．これが起きた国際的な背景を60字以内で説明せよ。

Ⅱ． 次の文1〜2を読み，下記の設問A・Bに答えよ。解答は解答用紙の所定欄にしるせ。

1．思想や学問は相互に連関するだけでなく，政治を含む社会の動きと結びつきながら変
　化していく。日本社会は近世から近現代にかけて大きく変貌したが，そこでは，さまざ
　まな思想や理念，学問が相互に絡み合いながら展開した。

　　たとえば本草学は，享保の改革の殖産興業政策を追い風に博物学・物産学へと発展し
　　　　　　　　　　1)　　　2)
　た。また，徳川吉宗は，清国で漢訳された洋書の輸入に対する規制を緩め実学を促進し，
　　　　　　　　　　　　　　　　　　　　　　　　　　　　　3)こうし
　甘藷の普及に貢献した（　イ　）にオランダ語を学ばせ，これが蘭学勃興の嚆矢となっ
　　　　　　　　　　　　　　　　　　　　　　　　　　　　4)
　た。さらに吉宗は，儒教によって庶民を教化するという統治策を用い，湯島聖堂での庶
　民の聴講を許し，儒教が説く徳目の概説書を寺子屋の手習いの手本とさせた。また，富
　　　　　　　　　　　　　　　　　　　　　　　5)
　裕な農民や町人層を塾生とした儒学塾が各地に設立され，そのうちの1つである懐徳堂
　からは松平定信に政策を提言した中井竹山らが出ている。
　　　　6)
　　蘭学は田沼時代以降，躍進した。近世初期以降，戦国期から蓄積されてきた築城や新
　田開発の技術を援用した大規模土木事業がなされたが，そのような土木や農業技術の知
　識，経験論的合理主義に基づく実学が蘭学発展の礎となった。蘭学は医学，天文・暦学，
　地理学などの分野で特に受容された。たとえば幕府天文方の（　ロ　）は西洋暦法を取
　り入れた寛政暦を作成し，その門人の伊能忠敬は幕命による測量を行い，その成果は
　『大日本沿海輿地全図』となった。また，対外危機が高まる中，1811年，天文方に蛮書
　　　　　　　　　　　　　　　　　　　　　　　　　　　　　7)
　和解御用が設けられ蘭書が翻訳された。だが，洋学は実用の分野に限定され，西洋の政
　治や思想の研究は幕府によって制限されていた。

2．幕末になると，尊王攘夷論を唱えた長州も含め雄藩や幕府は，西洋の軍事技術や学術
　　　　　　　　8)
　を導入する動きを強め，欧米へと留学生を送り出し政治・経済制度を学ばせ始めた。明
　治初期には英米から自由主義を基調とした学問がさかんに移入されたが，明治十四年の
　　　　　　　　　　　　　　　　　　　　　　　　　　　　　　　　　9)
　政変などによりドイツを範とした憲法を制定する方針が定まり，それをうけてドイツ系
　の学問が優勢となった。たとえば歴史学でも，明治前期には『文明論之概略』や『日本

開化小史』など，英米に典型的に見られる自由主義的な文明史論が主流であったが，明治中期にはドイツ系の実証史学が興隆した。

　福沢諭吉や西周，（　ハ　）など，幕府に登用された洋学者たちの多くは，維新後，民間に留まった福沢を重要な例外として，薩長などの藩閥が主導した明治新政府の官僚となった。その一方，彼らは，有志の結社や出版，講演，教育などをとおして，欧米の議会制民主主義や天賦人権思想を紹介し，功利主義や自由主義思想の宣伝，民衆の啓蒙に努めた。（　ハ　）は，その後，『人権新説』を著して社会進化論に転じ保守化するが，天賦人権思想はやがて<u>自由民権運動</u>の基幹思想となる。明治期，幕末の洋学の基層の上に，そして文明開化の名の下に，欧米の科学技術や自由主義，功利主義が移入されただけでなく，欧州起源の近代ナショナリズムが，幕末の国学・復古神道，尊王思想や皇国主義と融合しながら，天皇の下での国民の平等や権利（民権）の要求，そして国権の護持，というかたちで，日本近代思想の基本的枠組を構成した。近代国民国家として展開しだした日本が，欧米による植民地化や従属化の脅威から己を守り，列強並みの「一等国」となり，<u>不平等条約の完全な撤廃</u>を目指すという近代ナショナリズムのプロジェクトは，官民に共有され，その枠組の中で民権と国権との対立が形成されたのである。こうして政府は，欧米列強に文明国と認められ条約改正を果たすために欧化政策を迅速に進めたが，たとえば徳富蘇峰は政論雑誌『（　ニ　）』を刊行し，藩閥政府の欧化政策を批判，平民の立場からの近代化を説いた。だが，日清戦争により国家主義的ナショナリズムが高揚すると，蘇峰は国権論へと向かい，対外膨張，軍備拡張，教育への国家介入の強化を訴えることになった。

　他方，日清・日露戦争期に日本の産業化は大きく進み，それに伴って，国民国家に加えて個人や家庭，性差，そして階級などが人びとに意識されるようになった。都市への人口流入と工業化が進む中，低賃金と長時間労働を強いられた被用者は，罷業によって労働条件改善を要求し始め，労使の対立が始まった。こうして労働運動や社会主義運動が台頭するが，<u>治安警察法</u>，戊申詔書と地方改良運動，<u>大逆事件</u>に伴う弾圧，特別高等警察の設置などにより停滞期に入った。ようやく第一次世界大戦中に労働運動は復興し，大戦後にはメーデーが始まり，また，日本農民組合や<u>全国水平社</u>も結成された。女性運動の推進者たちは，女性の政治参加を禁じた治安警察法が改正されるよう訴え，同法改正後は，<u>女性も含む参政権・普通選挙法</u>を求めて尽力した。こうして昭和初期までの大正デモクラシーの時代には，政党政治が定着する中，社会的に排除されてきた人びとを社会運動によって政治的プロセスに包摂し，社会的平等，社会的正義を達成しようとする動きが顕在化した。

A．文中の空所(イ)〜(ニ)それぞれにあてはまる適当な語句をしるせ。

B．文中の下線部1)〜16)にそれぞれ対応する次の問1〜16に答えよ。

1．これに関する次の文ⅰ・ⅱについて，その記述の正誤の組み合わせとして正しいのはどれか。下記のa〜dから1つ選び，その記号をマークせよ。

　ⅰ．貝原益軒が『大和本草』や『庶物類纂』を著した

　ⅱ．本草とは，薬効のある植物・動物・鉱物のことである

　　　a．ⅰ：正　ⅱ：正　　　　　b．ⅰ：正　ⅱ：誤

　　　c．ⅰ：誤　ⅱ：正　　　　　d．ⅰ：誤　ⅱ：誤

2．これに関する記述として正しいのはどれか。次のa〜dから1つ選び，その記号をマークせよ。

　　a．江戸の町人のうち両替商などを勘定所御用達に登用した

　　b．改鋳前よりも金銀の質を上げた元文金銀を発行した

　　c．参勤交代の江戸在府期間を半減するかわりに上米の制を実施した

　　d．物価引下令を発し，株仲間の解散を命じた

3．これに関する次の文中の空所〈あ〉にあてはまる語句をしるせ。

　　中国漢代の医学への回帰を目指して実験や臨床を重視した＜　あ　＞が生まれた。

4．これに関する次の文ⅰ・ⅱについて，その記述の正誤の組み合わせとして正しいのはどれか。下記のa〜dから1つ選び，その記号をマークせよ。

　ⅰ．江戸で蘭学塾を開いた大槻玄沢や，西洋の内科医書を訳して『西説内科撰要』を書いた宇田川玄随などが活躍した

　ⅱ．前野良沢と杉田玄白らが訳出した『解体新書』が，日本における初の人体解剖書となった

　　　a．ⅰ：正　ⅱ：正　　　　　b．ⅰ：正　ⅱ：誤

　　　c．ⅰ：誤　ⅱ：正　　　　　d．ⅰ：誤　ⅱ：誤

5．これに関する次の文ⅰ・ⅱについて，その記述の正誤の組み合わせとして正しいのはどれか。下記のa〜dから1つ選び，その記号をマークせよ。

　ⅰ．女子教育も行われ，女性の心得を説く『女大学』などが教科書として用いられた

　ⅱ．村役人や神職・僧侶などが運営し，往来物や和算書が教科書として使われた

　　　a．ⅰ：正　ⅱ：正　　　　　b．ⅰ：正　ⅱ：誤

　　　c．ⅰ：誤　ⅱ：正　　　　　d．ⅰ：誤　ⅱ：誤

6．これに関する記述として正しくないのはどれか。次のa〜dから1つ選び，その記号をマークせよ。

　　　a．江戸の窮民の医療を目的として小石川に養生所を設けた

　　　b．賀茂真淵の門人であった塙保己一が和学講談所を建てるのを援助した

　　　c．徳川吉宗の孫であり，享保の改革を理想として掲げた

　　　d．農村から都市への人口流入を防ぐため旧里帰農令を発した

7．この年に起こった出来事はどれか。次の a〜d から 1 つ選び，その記号をマークせよ。

　　　a．イギリス船員が薩摩宝島に上陸した

　　　b．国後島に上陸したロシア軍艦の艦長ゴローウニンが捕えられた

　　　c．幕府が異国船打払令を出した

　　　d．モリソン号事件が発生した

8．これを代表する人物で，天皇の祭祀を基軸に据えて人心の統合を果たし危機に備えることを説く『新論』を著した人物は誰か。その名をしるせ。

9．これに関する記述として正しいのはどれか。次の a〜d から 1 つ選び，その記号をマークせよ。

　　　a．これで下野した大隈重信は自由党を結成した

　　　b．これによって，立法諮問機関である元老院が設置された

　　　c．これの結果，開拓使官有物は払い下げられた

　　　d．これの際，大隈重信は即時国会開設を主張していた

10．これに関する記述として正しいのはどれか。次の a〜d から 1 つ選び，その記号をマークせよ。

　　　a．国権論的傾向が強まるなかで，大阪事件がおこった

　　　b．政府が西南戦争の戦費を調達するために日本銀行兌換券を乱発したことが，これの急進化をもたらした

　　　c．肥前出身の板垣退助が，これの指導者の 1 人となった

　　　d．三島通庸は，警視総監として，福島事件，加波山事件および高田事件で，これの活動家を逮捕し弾圧した

11．これに向けて大きく前進した1894年締結の日英通商航海条約の内容に関する記述として正しいのはどれか。次の a〜d から 1 つ選び，その記号をマークせよ。

　　　a．関税自主権の回復は達成されたが，治外法権は撤廃されなかった

　　　b．第二次伊藤博文内閣で小村寿太郎が外相の時に調印された

　　　c．日清戦争の講和条約締結の直後に調印された

　　　d．日本国内を外国人に開放する内地雑居が認められた

12．これが1900年に公布された時の内閣総理大臣は誰か。その名をしるせ。

13. 堺利彦らと平民社を設立し，この事件で無実の罪を着せられ刑死した人物は誰か。その名をしるせ。

14. 第二次世界大戦後，これの活動を継承した運動とそれに関する政府の政策に関する次の出来事 i 〜 iii について，もっとも古いものから年代順に並んでいる組み合わせはどれか。下記の a 〜 f から 1 つ選び，その記号をマークせよ。

　 i ．地域改善対策特別措置法が公布された

　 ii ．同和対策事業特別措置法が公布された

　 iii ．部落解放全国委員会が結成された

　　a．i → ii → iii　　　　b．i → iii → ii　　　　c．ii → i → iii

　　d．ii → iii → i　　　　e．iii → i → ii　　　　f．iii → ii → i

15. これに関して，第二次世界大戦後，衆議院議員選挙法が改正され女性参政権が実現した時の内閣総理大臣は誰か。その名をしるせ。

16. この時期以降，社会主義・プロレタリア運動は弾圧によって解体された。1937〜38年に，日本無産党・労農派グループや東京帝国大学教授大内兵衛らが検挙された事件は何か。その名を，漢字 4 字でしるせ。

2 月 13 日実施分　　解答　日本史

I　解答　A．イ．衛士　ロ．西海　ハ．菅原孝標
　　　　　　二．十六夜日記　ホ．道元　ヘ．宗祇　ト．助郷

B．1．i−c　ii−a　iii−b　iv−d　2−d　3−c

4．藤原通憲〔信西〕　5−a　6−a

7．i−c　ii−d　iii−a　iv−b　8−b　9−c　10−b　11−b

12．フランスと敵対関係にあったイギリスは，ナポレオン戦争でオランダ
がフランスの属国となると東洋のオランダ拠点を奪おうとした。(60 字以
内)

◀解　説▶

≪古代〜近世の交通の発達と文化≫

A．イ．衛士は諸国の軍団の兵士から選ばれ，交代で上京した。主に宮門
の警護などに就き，任期は 1 年であった。九州防衛のために設置され，任
期が 3 年であった防人と区別しておきたい。

ホ．鎌倉新仏教のうち，坐禅を旨とする禅宗であったのは，臨済宗と曹洞
宗。曹洞宗の開祖道元は越前に永平寺を開いた。

ト．空欄の直前にある「伝馬役」「規定の人馬が常備」に着目できたかど
うかが重要である。街道周辺の村々には，公用交通に人足や馬を差し出す
伝馬役が課された。この伝馬役による人馬が不足した際，補助人足を差し
出す助郷役が課されることがあった。

B．1．c．「伊治呰麻呂が……多賀城を焼いた」(780 年)→ a．「紀古佐
美が……大敗を喫した」(789 年)→ b．「健児制を設けた」(792 年)→ d.
「坂上田村麻呂が胆沢城を築いた」(802 年) の順となる。

2．d．正文。平忠常の乱が鎮圧されたのは，11 世紀前半 (1031 年)。a．
誤文。空海によって綜芸種智院が設立されたのは，9 世紀 (828 年頃)。
b．誤文。空也が念仏行脚したのは，10 世紀。c．誤文。乾元大宝の鋳
造が開始されたのは 10 世紀 (958 年)。a・b・c すべて，11 世紀前半の
出来事ではないため，誤り。

3．c が正解。i．誤文。平清盛は，白河上皇ではなく，後白河上皇の信

任を得た。ii．正文。

5．a．正文。b．誤文。南宋が滅びたのは，文永の役のあとの1279年（「（文永の役では）南宋を滅ぼした元が，……遠征を行った」は誤り）。c．誤文。虎関師錬は，南宋から来日した一山一寧を師と仰いだ（「虎関師錬が来日し，その教えを受けた一山一寧」は誤り）。なお，『元亨釈書』は一山一寧ではなく，虎関師錬の作品である。d．誤文。文永の役が起こった当時の執権は，北条高時ではなく，北条時宗。

7．c．「上杉禅秀が……反乱をおこした」（1416年）→d．「結城氏朝が反乱をおこした」（1440年）→a．「足利成氏が上杉憲忠を謀殺した」（1454年）→b．「足利政知が……伊豆の堀越にとどまった」（1457年）の順となる。

8．b．正文。武家諸法度寛永令は，3代将軍徳川家光によって出された。a．誤文。50歳未満の大名に対して末期養子を認めたのは，4代将軍徳川家綱の時代。c・d．誤文。武家諸法度の冒頭が「文武忠孝を励し，礼儀を正すべき事」とされたのと，殉死の禁止が条文化されたのは，5代将軍徳川綱吉の武家諸法度天和令でのこと。

9．cが正解。i．誤文。中尊寺金色堂は，藤原基衡ではなく，藤原清衡によって建立された。ii．正文。

10．難問。i．正文。ii．誤文。申維翰が製述官として随行したのは1719年で，新井白石が政治を主導していた時代（1709〜16年）ではない。申維翰は，徳川吉宗の8代将軍就任の祝賀のために派遣された通信使の製述官（書記官）として来日した。

11．b．正文。雨森芳洲は木下順庵門下の朱子学者。

12．フェートン号事件が起きた国際的な背景を説明させる問題。フェートン号事件とは，1808年にイギリス軍艦フェートン号が，当時敵国となったオランダ船の捕獲を狙って長崎湾に入り，オランダ商館員を人質にとって，薪水・食料を強要して退去した事件である。本問では国際的な背景が問われているため，オランダがフランスの属国であったことや，フランスとイギリスが敵対していたことを説明しよう。

Ⅱ　**解答**　　A．イ．青木昆陽　ロ．高橋至時　ハ．加藤弘之
　　　　　　　ニ．国民之友

B．1－c　　2－c　　3．古医方　　4－b　　5－a　　6－a　　7－b

8．会沢安〔会沢正志斎〕　9－d　　10－a　　11－d　　12．山県有朋

13．幸徳秋水　14－f　　15．幣原喜重郎　　16．人民戦線

━━━━━━━◀解　説▶━━━━━━━

≪近世〜現代の思想や学問とそれに伴う運動≫

A．ロ．高橋至時は，幕府の天文方となり，間重富とともに寛政暦を完成
させた人物。子の高橋景保が蛮書和解御用の設置を建議したことなどとと
もに押さえておきたい。

ハ．最初の空欄で正答を導くのは困難だが，2 つ目の空欄直後にある『人
権新説』から，加藤弘之であると判断できる。加藤弘之は当初，天賦人権
思想を紹介したが，ダーウィンの進化論の影響を受けて，のち国権論へと
考えを改めた。

B．1．c が正解。i．誤文。『庶物類纂』を著したのは，貝原益軒では
なく，稲生若水。ii．正文。

2．c．正文。a．誤文。両替商などを勘定所御用達に登用したのは，享
保の改革ではなく，寛政の改革時のこと。b．誤文。元文金銀は，改鋳前
の享保金銀よりも金銀の質を下げた小判であった（「金銀の質を上げた」
は誤り）。d．誤文。株仲間の解散を命じたのは，享保の改革ではなく，
天保の改革時のこと。

3．やや難。古医方は名古屋玄医らの医説で，元・明代の学風を退け，実
験を重んじて漢代の医方への復古を説いた。

4．b が正解。i．正文。ii．誤文。日本における初の人体解剖書は，
『解体新書』ではなく，山脇東洋の『蔵志』。

6．a．誤文。小石川に養生所を設けたのは，松平定信ではなく，徳川吉
宗の時代。

7．b．正文。a．誤文。イギリス船員が薩摩宝島に上陸したのは，1824
年。c．誤文。幕府が異国船打払令を出したのは，1825 年。d．誤文。
モリソン号事件が発生したのは，1837 年。

9．d．正文。a．誤文。大隈重信は，自由党ではなく，立憲改進党を結
成した。b．誤文。元老院が設置されたのは，明治十四年の政変（1881

年）より前の 1875 年のこと。漸次立憲政体樹立の詔によって，元老院・大審院の設置や地方官会議の開催が約された。 c ．誤文。世論の強い反対にあったため，開拓使官有物の払い下げは中止となった。

10．a ．正文。b ．誤文。日本銀行が銀兌換の銀行券を発行したのは，1885 年。西南戦争は 1877 年に起こったので，「政府が西南戦争の戦費を調達するために日本銀行兌換券を乱発」は誤り。 c ．誤文。板垣退助は，肥前出身ではなく，土佐出身である。 d ．誤文。三島通庸が警視総監になったのは 1885 年。福島事件（1882 年）・加波山事件（1884 年）・高田事件（1883 年）は，三島通庸が警視総監になる前の出来事である。

11．d ．正文。a ．誤文。1894 年締結の日英通商航海条約では治外法権の撤廃と関税自主権の一部回復が約された。b ．誤文。第 2 次伊藤博文内閣の外相は，小村寿太郎ではなく，陸奥宗光。 c ．誤文。日英通商航海条約は日清戦争の直前に締結された。なお，日清戦争の講和条約である下関条約は 1895 年に締結されたため，設問文の「1894 年締結の日英通商航海条約」もヒントになっただろう。

14．正解は f 。正しい順に並べると，ⅲ.「部落解放全国委員会が結成された」（1946 年），ⅱ.「同和対策事業特別措置法が公布された」（1969 年），ⅰ.「地域改善対策特別措置法が公布された」（1982 年）となる。

❖講　評

　2023 年度は，大問数が 2 題，小問数が 39 問，試験時間が 60 分であった。2022 年度に設問として出題された史料問題は，選択肢の文章の一部のみにみられた。論述問題は，引き続き出題されている。

　Ⅰでは，交通の発達と文化を題材に，古代～近世史までが出題された。問 12 の論述問題は，フェートン号事件の内容ではなく，国際的背景について言及できていたかどうかが重要である。

　Ⅱでは，思想や学問とそれに伴う運動を題材に，近世から現代史までが出題された。問 14 の年代配列問題は，戦後史かつ，やや詳細な用語についての並べ替えであったため，苦戦した受験生が多かっただろう。

2月12日実施分　　問題 世界史

（60 分）

I. 次の文を読み，文中の下線部 1 ）～18)にそれぞれ対応する下記の設問 1 ～18に答えよ。解答は解答用紙の所定欄にしるせ。

A：高校では「政治・経済」という科目があり，政治と経済は，ひとまとまりに扱われていますが，政治と経済の間にナカグロがあって区別されてもいます。両者は，どうやら複雑な関係にありそうですね。

B：そのとおり，両者の関係は込み入っています。おおざっぱに言えば，もともと，政治は社会の中の「公」に関わる事柄，経済は「私」に関わる事柄という違いがあり，両者の対比の歴史は，古代ギリシアにさかのぼります。

A：そんなに古くからある対義語なのですか。

B：そもそも言葉の歴史を振り返ってみれば，「政治学＝ポリティクス」という語は，ギリシア語の「ポリティカ」，すなわち，「ポリス（＝国）に関する事柄」という語に由来しますし，「経済学＝エコノミクス」はギリシア語の「オイコノミカ」，すなわち，「オイコス（＝家）の決まりに関する事柄」という語が起源です。

A：なるほど，古代の人は，国と家庭という場との関係で，公的活動と私的活動の対比を意識していたわけですね。

B：おおざっぱに言えばそうです。しかし，その当時から，両者間には，それほど明確に分けられない，重なり合う部分がかなりあると考えられていました。

A：そのあたりを詳しくお話しください。

B：そもそも，アテネに代表されるような民主政の政治形態をとっている国は，古代のギリシア以外の地域ではまれでした。多くの国は，王政や貴族政によって成り立っており，そうした国では，王や貴族の家の経済は，そのまま，国の財政でもあったのです。

A：権力者の公的側面と私的側面の重なり合う部分が「財政」だったということですか。

B：はい，そうです。実際，古代ミケーネ文明の文字も，ヒッタイトやアッシリアで用いられた楔形文字も，とりわけ，王宮の収入や支出を記録するために使われ始めました。つまり，今日の言葉でいう「国家財政」の実態は，政治や経済という言葉よりも古く

から存在しており，それこそが，古代文明発展の基礎となっていたのです。

A：いくつかの地域では，「財政」が文字文明を生んだとすらいえるということなんですね。
7)

B：ええ，そのとおりだと思います。ところで，話を元に戻しますと，こうした，国家財
　　政に等しい王や貴族の家の経済の在り方と類比して，ギリシアの民主政ポリスの財政
　　も解釈できるだろうと考えたのが，ギリシアの哲学者たちでした。アリストテレスの
　　名前で伝わる『経済学』の第 2 巻は，「個人の経済」のほかに，「王の経済」，「サトラ
　　ップの経済」，「ポリスの経済」という 3 つの型を設けて，貨幣や税，公有地など，「財
　　　　　8)
　　政」の問題を扱っています。

A：なるほど，「ポリスの経済＝ポリティカル・エコノミー」が，ギリシアでの財政に当た
　　る部分だったというわけですか。政治と経済という言葉，そして財政の観念が，すで
　　に古代にも成立しえていたことが私なりに理解できました。そこで，お尋ねしたいの
　　ですが，政治学が，古代ギリシア・ローマの民主政や共和政を理想とし，近代以降の
　　ヨーロッパで議院内閣制や三権分立，政教分離などの観念と実践を発展させていった
　　　　　　　　　　　　9)　　　　　　10)
　　ことは，高校の世界史で学びました。それに対し，近代の産業革命以降には，経済学
　　は，どのような発展を遂げたのでしょうか。そこには，古代ギリシアやローマの影響
　　はあったのでしょうか。

B：「経済学の父」とも称されるアダム＝スミスの著書の題名は，日本語では，『国富論』
　　と訳されていますが，英語では『ウェルス・オブ・ネイションズ（諸国民の富）』と
　　して知られています。「富」や「国民」は，17 世紀，ピューリタン革命の結果，イギ
　　　　　　　　　　　　　　　　　　　　　　　　　　11)
　　リスで成立した共和国を指すのに用いられた「コモンウェルス」という語をただちに
　　連想させます。「コモンウェルス」は，英語では，「共和政」・「共和国」をあらわす語
　　でもあったのです。そうであれば，近代以降の経済学は，国家論の一部としてその歩
　　　　　　　　　　　　　　　　　　　　　　　　　　　12)
　　みを始めたと考えることもできるでしょう。

A：話がだいぶ込み入ってきました。しかし，私は，『諸国民の富』の著者は，「見えざる
　　手」を唱え，個々人の利己的な利益追求の営為が，おのずと生産性の高い分業体制を
　　生み，それが市場を自律的に機能させると考えた，と教わりました。彼の「自由主義
　　経済学」の考え方には，国家や政治が介在する余地はないように思いますが，いかが
　　でしょうか。

B：確かに，その後，20 世紀になって，『雇用，利子および貨幣の一般理論』を著し，新
　　　　　　　　　　　　　　　　　　　13)
　　しい経済理論を打ち出した学者は，世界恐慌後の失業問題を解決するために，国家や
　　　　　　　　　　　　　　　14)
　　政治が，代表的には公共事業という形で，積極的に財政出動を行い，有効需要を創り
　　出すべきと唱えましたから，それと比べれば，おっしゃるとおりです。「国家論の一
　　部」という私の言い方が，やや挑発的すぎたかもしれません。しかし，『諸国民の富』

は，後半で，当時の重商主義を強く批判しており，最後の巻では，財政や公共事業を
扱っています。ギリシア以来の，経済学の中の財政学的な側面は，スミスの著書にも
色濃く反映していたといえるでしょう。

A：重商主義政策が支配的で，国家の役割が大きかった18世紀という時代のコンテクス
トの中で「自由主義経済学」の主張を捉えないといけないわけですね。

B：そのとおりです。いわゆる自由主義経済学者が評価する『諸国民の富』の著者の主張
の要点は，王や役人，貴族たちの権力や重商主義的政策から自由な，市場を通じた私
的個人の経済活動の総体が，結果として，国家＝国民にとって最大利益をもたらすと
いうところにありました。つまり，政治が，可能な限り経済に介入しないなら，それ
は，国家や社会にとって良きこと（＝ウェルス）と唱えたわけです。そうした意味で，
「近代の経済学」は，王の経済や王の財政からできるだけ距離を置こうとして始まっ
た経済的な国民国家論であったといってもよいのではないかと私は考えています。
要約すれば，近代以降の経済学は，官僚や資本家，労働者など多くのプレーヤーを巻
き込んで経済活動が複雑化した現実に応じ，先ほどから述べている「古代の経済学」
というより，むしろ，「古代の政治経済学」の系譜を踏まえて成立した一方，その上
で，古代ギリシアの哲学者たち以上に国家や王の介在を避けようとしたという点では，
古代の私的経済の理想への回帰を志向していたといえるかもしれませんね。

A：なるほど，冒頭でBさんが，政治は公，経済は私とおっしゃっていた意味がいっそう
よく理解できた気がします。

B：「経済」という和製漢語は，中国の古典に由来しますが，その話はまた今度。

A：楽しみにしています。ありがとうございました。

1．これとその市民の説明として適当でないものはどれか。次のa〜dから1つ選び，そ
の記号をマークせよ。すべて適当である場合は，eをマークせよ。
 a．戦争に負けたポリスの市民には，奴隷とされる者がいた
 b．ポリス市民のほとんどは，商業・手工業を生業とした
 c．ポリスの多くは，集住の結果成立した
 d．ポリスを形成しないギリシア人がいた

2．日常における，これとアテネの女性の関係の記述として正しいものはどれか。次のa
〜dから1つ選び，その記号をマークせよ。
 a．家の外での活動は奨励され，市民としての参政権も認められていた
 b．家の外での活動は奨励されたが，市民としての参政権を持たなかった

　　c．家の中に留まるべきとされ，市民としての参政権を認められなかった

　　d．家の中に留まるべきとされたが，市民としての参政権を認められていた

3．古代のアテネの民主政についての説明として正しいものはどれか。次の a 〜 d から 1
　　つ選び，その記号をマークせよ。あてはまるものがない場合は，e をマークせよ。

　　a．クレイステネスは，10部族制を 4 部族制にあらため，評議会を設置した

　　b．ソロンは，ペイシストラトスの息子の僭主ヒッピアスを追放した

　　c．テミストクレスは，僭主となる恐れがあるとして，陶片追放された

　　d．ペリクレスは，10年間，将軍職を独占し，民主政を停止した

4．この文字は何と呼ばれるか。その名をしるせ。

5．紀元前1286年ごろ，この国の王とカデシュで戦ったエジプト王は誰か。次の a 〜 d
　　から 1 つ選び，その記号をマークせよ。あてはまるものがない場合は，e をマークせよ。

　　a．アメンホテプ 4 世　　　b．カフラー　　　　　c．クフ　　　　　d．ラメス 2 世

6．新アッシリア王国の首都であったものはどれか。次の a 〜 d から 1 つ選び，その記号
　　をマークせよ。あてはまるものがない場合は，e をマークせよ。

　　a．サルデス　　　　　　　b．スサ　　　　　　　c．ニネヴェ　　　　d．ハットゥシャ

7．文字の概念は多様であるが，粘土板や石板に刻んだり記したりする記号によってでは
　　なく，色とりどりの紐に作った結び目によって情報を記録し，伝達していた文明はどれ
　　か。次の a 〜 d から 1 つ選び，その記号をマークせよ。あてはまるものがない場合は，
　　e をマークせよ。

　　a．アステカ文明　　　　　b．インカ文明　　　c．オルメカ文明　　　d．マヤ文明

8．これは古代ペルシアの行政官として知られる職だが，もともとはイランの地を治めて
　　いた王国で創設されたものである。その王国はどれか。次の a 〜 d から 1 つ選び，その
　　記号をマークせよ。

　　a．アルメニア王国　　　　　　　　　　　b．新バビロニア王国

　　c．メディア王国　　　　　　　　　　　　d．リディア王国

9．イギリスで，この制度の確立に貢献した初代首相の名をしるせ。

10．信仰を個人の内面の領域に属するものとして国家や政治による介入を禁じた法律は
　　1905年にフランスで成立したが，それを参考にトルコ共和国で同様の政策を推し進めた
　　初代大統領はだれか。その名をしるせ。

11．この中で主導的役割を果たしたクロムウェルが1653年に帯びることになった称号の
　　名をしるせ。

12．著書『国家論』で，国家主権論を展開した16世紀フランスの思想家の名をしるせ。

13．この人物の名をしるせ。

14. この影響は1930年代まで続くが，この時期，国際貿易は，それ以前に比べ半分以下に落ち込んだ。その理由について1行でしるせ。

15. この政策を採用したイギリスは，17世紀半ばには，その一環として中継貿易国オランダから商業覇権を奪うための法律を制定した。その法律の名をしるせ。

16. 1848年革命において，国民国家として誕生したものを次のa～dから1つ選び，その記号をマークせよ。あてはまるものがない場合は，eをマークせよ。

　　a．イタリア　　　　b．ギリシア　　　　c．クロアチア　　　　d．ブルガリア

17. イギリスで，1833年に成立した，労働者保護のための法律の名をしるせ。

18. この語はもともと中国の儒学者たちによって説かれた「経世済民」の語に由来するが，やがて明末から清初には，考証学者たちによって，「経世致用」の名で幅広い人材登用や社会改革が唱えられた。この時代の考証学者に該当するものを次のa～dから2つ選び，その記号を左欄に1つ，右欄に1つマークせよ。順序は問わない。

　　a．王守仁　　　　b．黄宗羲　　　　c．顧炎武　　　　d．銭大昕

Ⅱ．次の文を読み，文中の下線部1）～18）にそれぞれ対応する下記の設問1～18に答えよ。解答は解答用紙の所定欄にしるせ。

　こんにちの動物園の前身とされるものの1つに，ヨーロッパの特権階級がつくりあげた動物コレクションがある。各地から集められた珍しい動物は，「メナジェリー」と呼ばれる施設に収容され，設置者の富や権力を表象するものとして展示された。例えば，ルイ14世がヴェルサイユ宮殿の庭園に新設したメナジェリーでは，クマ，ゾウ，トラ，ライオン，ラクダのほかアフリカやアジアの鳥類が多く飼育されていた。また，マリア＝テレジアが増改築を行ったことで知られるシェーンブルン宮殿の庭園にも，1752年にメナジェリーが併設されている。なお，この施設はシェーンブルン動物園として現存しており，動物園を含めた庭園一帯は宮殿とともにユネスコが管理する世界遺産リストに登録されている。

　近世から近代への移行に伴い，動物を飼育し展示する場も特権階級のためのメナジェリーから市民たちのための動物園へと変化してゆく。例えば，パリの「ジャルダン・デ・プラント」は元々は王立の植物園であったが，フランス革命後にヴェルサイユのメナジェリーから動物が運び込まれたことで動物園としての機能を追加するとともに，市民に向けた娯楽・教育用の施設へと変貌していった。また，1828年にロンドン，1843年にアントワープ，1844年にベルリンと，ヨーロッパ各地で動物園の開設が相次ぎ，よりひろく市民に

公開されてゆく。ロンドン動物園では爬虫類館や水族館が併設されたほか，アントワープ動物園ではヒエログリフが描き込まれたエジプト神殿風の飼育舎が，ベルリン動物園ではミナレットで装飾された<u>イスラーム建築風</u>の飼育舎が建設されるなど，飼育・展示動物の
8)
多様化とともに異国情緒の演出が行われた。

　動物を飼育し展示するという試みはアメリカでもみられるようになり，例えば，1891年にはワシントンに動物園が開園している。この国立動物園は国外からも積極的に動物を収集する方針を打ち出し，<u>米西戦争においてアメリカが獲得した地域</u>からの入手も試みた。
9)
<u>1898年にニューヨーク市から土地を割り当てられ，翌年に開園したニューヨーク動物園</u>
10)
はアメリカの野生動物保護にも力を入れ，絶滅寸前であった<u>アメリカバイソン</u>の繁殖に成
11)
功している。

　日本では，<u>1882年に上野に動物園が開園する</u>。上野動物園にも国外から多数の動物が集
12)
められたが，アジア太平洋戦時下における動向は特徴的であった。つまり，<u>日本が占領し</u>
13)
<u>た南方地域</u>から爬虫類を含めた動物が送られてきた一方，時局が悪化するとクマ，ヒョウ，ライオン，ゾウ，ヘビなどが危険視され殺処分となった。翻って戦後になると，1949年に<u>インドの首相</u>からアジアゾウの「インディラ」が日本の児童のために，1972年に中国から
14)
ジャイアントパンダの「カンカン」と「ランラン」が<u>日中国交正常化</u>を記念して贈呈され
15)
るなど，平和や友好といった側面から動物園が位置づけられてゆく。

　このように，動物を飼育し展示する施設は時代とともに階級や地域を越えて拡大し，現在では，バスや<u>自動車</u>で動物に接近するサファリパークも人気を博している。他方，動物
16)
を生息地から引き離し，異なる環境で飼育展示するため，「動物の福祉」や「<u>動物の権利</u>」
17)
といった課題も指摘されている。動物園は，動物と人間の関係や，<u>動物を含めた自然と人</u>
<u>間の共生</u>について考えるひとつの契機でもある。
18)

1．第一次世界大戦後，ここで講和条約が調印された。この前後の出来事 a～d のうち，もっとも古いものを解答欄の i に，次に古いものを ii に，以下同じように iv まで年代順にマークせよ。

　a．ドイツの国際連盟加盟　　　　　b．ブレスト＝リトフスク条約の締結

　c．ラパロ条約の締結　　　　　　　d．ロカルノ条約の締結

2．この動物を模したマスコットキャラクターを採用した1980年のモスクワオリンピックでは，多くの西側諸国が出場をボイコットした。その原因となった1979年にソ連が起こした軍事侵攻は，どの国に対するものであったか。その名をしるせ。

3．1961年，ここでアメリカ大統領とソ連共産党第一書記による会談の一部が開催され

た。ニューフロンティア政策を掲げた前者とスターリン批判を行った後者の組み合わせ
として正しいものはどれか。次のa～dから1つ選び，その記号をマークせよ。あては
まるものがない場合は，eをマークせよ。

　　a．アイゼンハワー ― フルシチョフ　　b．アイゼンハワー ― ブレジネフ

　　c．ケネディ ― フルシチョフ　　　　　d．ケネディ ― ブレジネフ

4．この年，ビルマに王朝が成立した。アユタヤ朝を滅ぼした後にイギリスとも戦争を行
　ったこの王朝は何か。次のa～dから1つ選び，その記号をマークせよ。あてはまるも
　のがない場合は，eをマークせよ。

　　a．コンバウン朝　　b．タウングー朝　　c．ラタナコーシン朝　　d．黎朝

5．この組織の親善大使も務めたマンデラが反対した人種隔離政策は何か。その名をカタ
　カナでしるせ。

6．この分類法を確立し，近代植物学の基礎を築いたスウェーデンの人物は誰か。その名
　をしるせ。

7．この年，イギリスで審査法が廃止された。これ以降のイギリスにおける出来事とそれ
　に深く関与した人物の組み合わせとして，正しい場合は「正」，誤っている場合は「誤」
　を，次のa～dそれぞれについて，マークせよ。

　　a．カトリック教徒解放法の成立 ― オコンネル

　　b．穀物法の廃止 ― コブデン

　　c．第1回選挙法の改正 ― ブライト

　　d．第2回選挙法の改正 ― ウィルバーフォース

8．イスラーム諸学を修め，カーディーなどの指導者でもあった宗教知識人のことを何と
　呼ぶか。その名をしるせ。

9．次のa～dについて，これに該当する場合は「正」，該当しない場合は「誤」をそれぞ
　れマークせよ。

　　a．キューバ　　b．グアム　　c．フィリピン　　d．プエルトリコ

10．この年，清で戊戌の変法が行われた。この改革を推進した人物の組み合わせとして正
　しいものはどれか。次のa～dから1つ選び，その記号をマークせよ。あてはまるもの
　がない場合は，eをマークせよ。

　　a．康有為 ― 光緒帝　　　　　　b．康有為 ― 宣統帝

　　c．李鴻章 ― 光緒帝　　　　　　d．李鴻章 ― 宣統帝

11．この動物はアメリカ先住民の生活と深く関わっていた。先住民に対する圧迫に抵抗し
　続けたものの1886年に投降したアパッチ族のシャーマンで，1909年に死去した人物は
　誰か。その名をしるせ。

12. この年，朝鮮で軍隊による反乱が発生した。閔氏一派と日本公使館を襲撃した後，清に鎮圧されたこの軍乱は何か。その名をしるせ。

13. このひとつであるビルマにおいて抗日運動を主導し，戦後はイギリスと独立交渉を行った人物は誰か。その名をしるせ。

14. 1954年，この人物は中国の首相と会談を行い，平和五原則を発表した。該当するインド首相と中国首相の組み合わせとして正しいものはどれか。次の a ～ d から 1 つ選び，その記号をマークせよ。あてはまるものがない場合は，e をマークせよ。

　　a．インディラ＝ガンディー － 周恩来　　　b．インディラ＝ガンディー － 毛沢東

　　c．ネルー － 周恩来　　　　　　　　d．ネルー － 毛沢東

15. 1972年に北京を訪れてこれを実現した日本の首相は誰か。その名をしるせ。

16. ガソリンエンジンの発明に関与し，ガソリン自動車を開発したのは誰か。次の a ～ d から最も適当なものを 1 つ選び，その記号をマークせよ。

　　a．ジーメンス　　　b．ダイムラー　　　c．ディーゼル　　　d．フォード

17. このことばは，バントゥー系の言語とアラビア語が混交したスワヒリ語に由来する。バントゥー系のショナ人が建国したモノモタパ王国はどこか。地図上の a ～ d から 1 つ選び，その記号をマークせよ。あてはまるものがない場合は，e をマークせよ。

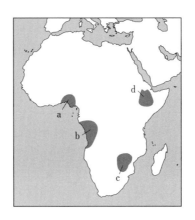

18. これに関する話題として世界的規模の環境問題があげられる。温室効果ガス削減のための数値目標を定めた京都議定書からの離脱を，2001年に表明した国はどこか。次の a ～ d から 1 つ選び，その記号をマークせよ。あてはまるものがない場合は，e をマークせよ。

　　a．アメリカ　　　b．イギリス　　　c．中国　　　　d．ロシア

2 月 12 日実施分　　解答　世界史

I 　**解答**　1－b　2－c　3－c　4．線文字B　5－d
　　　　　6－c　7－b　8－c　9．ウォルポール

10．ムスタファ゠ケマル　11．護国卿　12．ボーダン　13．ケインズ

14．列強諸国が関税を引き上げ，ブロック経済体制を敷いたため。

15．航海法　16－e　17．工場法　18－b・c

◀解　説▶

≪政治・経済の歴史≫

1．b．誤文。ポリス市民のほとんどは，商業・手工業を生業としていない。スパルタにおいて市民は一切の生産労働をせずに，幼い頃から厳しい軍事訓練を行う一方，ペリオイコイと呼ばれる周辺民は農業や商工業に従事した。

2．アテネの女性は市民としての参政権を認められず，政治から排除されていた。また，女性は家の中に留まることが推奨された。

3．a．誤文。クレイステネスは，4部族制を10部族制に改めた。b．誤文。ソロンは前7世紀から前6世紀頃に活躍した政治家で，僭主のペイシストラトスと対立した。ペイシストラトスの息子のヒッピアスを追放してはいない。d．誤文。ペリクレスは，民会の選挙で将軍職に連続して当選したため，民主政を停止してはいない。

4．線文字Bはミケーネ文明において使用された文字で，イギリス人のヴェントリスによって解読された。

5．カデシュの戦いで，ヒッタイトの王ムワタリとエジプト新王国のラメス2世が対峙した。a．誤り。アメンホテプ4世は，自らの王名をイクナートンと改名し，都をテーベからアマルナに移した。b・c．誤り。クフ・カフラー・メンカウラーは，エジプト古王国時代のギザでピラミッドを築いた。

6．アッシリアの首都はニネヴェで，世界最古の図書館が建設された。a．誤り。サルデスは，リディアの首都である。b．誤り。後にアケメネス朝ペルシアは，サルデスからスサに至るまでの「王の道」を建設した。d．

誤り。ハットゥシャは，ヒッタイトの首都である。

7．インカ帝国では，キープと呼ばれる紐に作った結び目で情報を記録し，伝達していた。

8．サトラップはアケメネス朝ペルシアにおいて派遣された行政官で，もともとはイランにあったメディア王国で創設された。aのアルメニア王国はアルメニア高原を，bの新バビロニア王国はメソポタミア地方を，dのリディア王国は小アジアを治めていた王国のため，誤りである。

9．議院内閣制の確立に尽力したのは，ホイッグ党のウォルポールである。

10．トルコ共和国の初代大統領は，ムスタファ=ケマルである。彼はカリフ制を廃止することで，トルコにおける政教分離を実現させた。

11．護国卿はピューリタン革命によって成立した官職で，1653年にクロムウェルが就任した。

12．フランスの思想家であるボーダンは，『国家論』の中で国家主権論を展開した。

13．『雇用，利子および貨幣の一般理論』を著したのは，イギリスの経済学者であったケインズである。彼はこの著書の中で，政府が経済に介入し，失業を解消することを提唱した。

14．世界恐慌に対応するため，各国は高い関税と輸入制限を設けることで，自国を中心とした閉鎖的な経済圏を形成した。そのため，国際貿易は以前に比べ半分以下に落ち込むこととなった。具体的には，イギリスがスターリング=ブロックを，フランスがフラン=ブロックを構築した。

15．イギリスは航海法を制定することで，中継貿易で利益を得ていたオランダを排除した。

16．bのギリシアの独立は，1830年のロンドン会議で国際的に承認された。その後1848年革命が起こり，民族主義や自由主義が高揚したため，ウィーン体制は崩壊した。しかし，これらの運動はオーストリアやロシアなどによって抑えつけられてしまったため，ヨーロッパ各国の民族独立は19世紀後半以降，本格的に始まった。aのイタリアは1861年に，cのクロアチアは1991年に，dのブルガリアは1908年に独立した。

17．イギリスでは工場労働者の保護を目的として，1833年に工場法が成立した。

18．清王朝の時代に流行した考証学は，古文献を実証的に解釈する学問で

ある。代表的な学者として，明末から清初に活躍した黄宗羲や顧炎武など
が挙げられる。ｄ．誤り。銭大昕も清の考証学者であるが，18世紀に活
躍した人物であるため，明末から清初の時代に該当しない。ａ．誤り。王
守仁は明代中期の学者で，陽明学を提唱した人物である。

II 　**解答**　1．ⅰ－ｂ　ⅱ－ｃ　ⅲ－ｄ　ⅳ－ａ
　　　　　　　　2．アフガニスタン　3－ｃ　　4－ａ
5．アパルトヘイト　6．リンネ　7．ａ－正　ｂ－正　ｃ－誤　ｄ－誤
8．ウラマー　9．ａ－誤　ｂ－正　ｃ－正　ｄ－正　10－ａ
11．ジェロニモ　12．壬午(軍乱)　13．アウンサン　14－ｃ
15．田中角栄　16－ｂ　17－ｃ　18－ａ

━━━━━━━━━ ◀解　説▶ ━━━━━━━━━

≪動物園の歴史≫
1．1918年，ドイツとロシアのソヴィエト政権との間でブレスト＝リトフ
スク条約が締結された(ｂ)。1922年になると，ドイツ共和国がロシアの
ソヴィエト政権をラパロ条約で国際的に承認し(ｃ)，1925年にはロカル
ノ条約が締結された(ｄ)。そして，ロカルノ条約の発効を条件としたドイ
ツの国際連盟加盟が，1926年に実現した(ａ)。
2．1979年，ソ連のブレジネフ政権はアフガニスタンに侵攻した。
3．シェーンブルン宮殿は，ニューフロンティア政策を掲げたケネディ大
統領とスターリン批判を行ったフルシチョフ首相との会談の場となった。
ａ・ｂ・ｄ．誤り。アイゼンハワーは，巻き返し政策を行ったアメリカの
大統領である。ソ連の書記長のブレジネフは緊張緩和を推進し，アメリカ
との核軍縮を前進させた。
4．コンバウン朝はタイのアユタヤ朝を滅ぼした後，19世紀にイギリス＝
ビルマ戦争でイギリスと衝突した。ｂ．誤り。タウングー朝は，16世紀
に成立したビルマの王朝である。ｃ．誤り。ラタナコーシン朝は，18世
紀後半に成立したタイの王朝である。ｄ．誤り。黎朝は，15世紀に成立
したベトナムの王朝である。
5．アパルトヘイトは，南アフリカ共和国でとられた人種隔離政策である。
マンデラはアパルトヘイトに対し抵抗運動を続け，1994年に黒人初の大
統領に選出された。

6．リンネは 18 世紀に活躍したスウェーデンの植物学者で，近代植物学の基礎を築いた。

7．ｃ．誤り。ブライトは，コブデンらとともに穀物法の廃止を求めた政治家である。ｄ．誤り。ウィルバーフォースは，イギリスにおける奴隷貿易の禁止や奴隷制度廃止を実現させた政治家である。

8．イスラーム教における宗教知識人はウラマーと呼ばれ，信徒の宗教的な指導にもあたった。

9．ａ．誤り。1898 年，米西戦争の講和条約がパリで締結された。このパリ条約では，アメリカがフィリピン・グアム・プエルトリコを領有することやキューバの独立が認められた。

10．戊戌の変法では，光緒帝のもと康有為や梁啓超などの官僚が改革を推進した。ｂ〜ｄ．誤り。宣統帝は清朝最後の皇帝で，後に満州国の執政に就任した。李鴻章は清末の官僚で，曾国藩や左宗棠などとともに国力増強を目指した洋務運動を推進した。

11．難問。アパッチ族のシャーマンであるジェロニモは，1886 年に投降してから 1909 年に亡くなるまで，アメリカ軍の捕虜として扱われた。

12．1882 年，閔氏政権とそれを援助した日本への反発が強まり，壬午軍乱が起こった。

13．アウンサンは，イギリス植民地下のビルマで抗日運動を主導し，戦後はイギリス首相のアトリーとの間で独立交渉を行った。彼はアウンサンスーチーの父としても広く知られている。

14．1954 年，インドのネルーと中国の周恩来との間で平和五原則は合意された。ａ・ｂ・ｄ．誤り。インディラ＝ガンディーはネルーの娘で，1966 年にインドの首相となった。毛沢東は中国共産党の指導者で，1949 年の中華人民共和国の成立とともに国家主席となった。

15．1972 年，日本の田中角栄と中国の周恩来との間で日中共同声明が調印された。これにより，日本と中国との国交が正常化された。

16．ａ．誤り。ジーメンスは，電動モーターを造ったドイツ人である。ｃ．誤り。ディーゼルは自動車エンジンの改良を進め，1897 年にディーゼル機関の実用化に成功した。ｄ．誤り。フォードは自動車会社フォードを創設したアメリカ人で，Ｔ型フォードの大量生産を開始した。

17．モノモタパ王国はアフリカ南東部で繁栄した王国で，現在のジンバブ

エ共和国に位置する。

18. 1997年，温室効果ガス削減のための数値目標を定めた京都議定書が定められた。しかし，2001年にアメリカのブッシュ大統領は京都議定書からの離脱を表明した。

❖講　評

　I　政治・経済の歴史をテーマに，古代から近代まで幅広い時代が問われた。政治史・外交史からの出題が多いが，4の線文字Bや7のキープ，12の『国家論』の著者などの文化史に関する設問も見られた。地域としては主にヨーロッパからの出題が多いが，18では中国史に関する問題も出題された。全体として標準レベルの設問が多いが，2のアテネの女性に関するやや難の問題や14では世界恐慌に関する論述問題も出題された。日頃から教科書や図説のコラムや資料などは意識して確認するとともに，歴史事項の背景や結果などを書き出し，文章化する力を身につけておきたい。

　II　動物園の歴史をテーマに，近代から現代までの政治史・外交史が問われた。ヨーロッパやアジア，アメリカ，アフリカなど様々な地域からの設問が出題された。教科書レベルの設問が多いが，11のジェロニモなど教科書レベルの学習では対応が難しい問題が含まれている。また，1では第一次世界大戦後の出来事を年代順に並べる配列法の問題が，17ではモノモタパ王国の場所を問う地図問題が出題された。18では，京都議定書に関する問題が出題されたため，現代史の学習についてもしっかりと準備しておきたい。

2月13日実施分　　　問題　世界史

（60分）

Ⅰ．次の文を読み，下記の設問A・Bに答えよ。解答は解答用紙の所定欄にしるせ。

　「コーイヌール」と呼ばれるダイヤモンドがある。現在はイギリス王室が所蔵している
が，その由来はインドと考えられている。14世紀に<u>アラー＝ウッディーン＝ハルジー</u>が所
有していたが，16世紀前半には（　イ　）を初代君主とするムガル帝国に渡り，やがて<u>サ</u>
<u>ファヴィー朝の第2代シャーであるタフマースブ1世</u>に贈与されたという。以降この宝石
は国際関係の波に揺られるようにイランとインドの間を行き来し，持ち主を変えていく。
1849年にイギリス東インド会社が（　ロ　）戦争に勝利しパンジャーブ地方を獲得したの
ち，コーイヌールはイギリスに渡り，最終的に同国王室のコレクションに落ち着いたとさ
れる。
　半永久的に輝く宝石の神秘性は，このように，多くの人びとを惹きつけてきた。中世ヨ
ーロッパでは，<u>トマス＝アクィナス</u>の師であるアルベルトゥス＝マグヌスが『鉱物書』を
著し，種々の宝石をきわめて詳細に紹介した。ただしヨーロッパは宝石をほとんど産出し
ないため，入手するには贈与のほかに略奪，交易などの方法がとられた。16世紀前半，<u>あ</u>
<u>るスペイン人のコンキスタドール（征服者）</u>は，進出先の「新世界」に産するエメラルド
を手に入れた。一方で，<u>ユグノー</u>の家に生まれたジャン＝バティスト＝タヴェルニエとい
う商人は，イランとインドを6回旅行し，その際に得たダイヤモンドを1669年に<u>当時の</u>
<u>フランス国王</u>に売却している。
　ところでダイヤモンドは，今でこそ「宝石の王様」と称されるが，いつでもそうだった
わけではない。古代ローマでは，美しさというよりは硬さが強調されている。この宝石に
特別の価値が認められるようになるのは，研磨とカットの技術が発達してからである。近
世になると<u>アントウェルペン</u>がダイヤモンド細工の中心地となった。
　中国では美しい石は「玉」と呼ばれ，なかでもヒスイが珍重された。その一大産地は<u>ビ</u>
<u>ルマ（ミャンマー）</u>で，とくに清の時代に雲南を経由し中国にもたらされた。同治帝の母
である（　ハ　）がヒスイに熱中していたことは有名である。シャム（タイ）は，宝石の
産地でもあったが，19世紀から宝石市場として成長し，<u>バンコク</u>はルビーやサファイアの

取引で世界的な中心地となり今日に至る。

　ロシアも宝石の主要産地である。19世紀前半にウラル山脈で発見された金緑石は，自然光のもとでは緑に，人工光のもとでは赤く輝く珍しいもので，1834年に<u>当時のロシア皇太子</u>の名にちなみ「アレキサンドライト」と名付けられたといわれている。
₁₁₎

　美しい宝石は富と地位の象徴となり，支配者や富裕な人びとがそれを追い求めたが，もちろん宝石には財としての経済的価値もある。南北戦争後のアメリカ合衆国では，ミズーリ州出身の小説家（　ニ　）が「金ぴか時代」と揶揄した拝金主義が蔓延ったとされるが，この頃にダイヤモンド投資が急拡大した。20世紀中頃に近づくと，宝石の商業化と大衆化が進む。「ダイヤモンドは永遠の輝き」という<u>デ＝ビアス社</u>の広告キャッチコピーが考案されたのは，<u>1947年</u>のことだった。色あせない宝石の数々は，これからも様々な逸話を紡ぎ出していくであろう。

A．文中の空所（イ）～（ニ）それぞれにあてはまる適当な語句をしるせ。

B．文中の下線部1）～13)にそれぞれ対応する次の問1～13に答えよ。

　1．この人物は，デリー＝スルタン朝と総称される5つの王朝のうち2番目に成立した王朝のスルタンである。3番目の王朝を，次のa～dから1つ選び，その記号をマークせよ。あてはまるものがない場合は，eをマークせよ。

　　　a．サイイド朝　　　　b．トゥグルク朝　　　　c．奴隷王朝　　　　d．ロディー朝

　2．この王朝をひらいた君主の名をしるせ。

　3．以下の文章は，この人物についての説明である。下線部a）～d）それぞれについて，正しい場合は「正」，誤っている場合は「誤」をマークせよ。

　　　<u>イングランド</u>生まれの<u>フランシスコ会士</u>で，神学に<u>アリストテレス哲学</u>を融合させ，
　　　a)　　　　　　　　　b)　　　　　　　　　　　　　　c)
　　　『<u>神学大全</u>』を著した。
　　　　d)

　4．以下の文章は，この人物がしたためた書簡の一部である。[　]内は引用者による注である。これを読み，下線部ⅰ）～ⅲ)にそれぞれ対応する次の問ⅰ～ⅲに答えよ。

　　　いと高く，いと強き君主。カトリックの信仰あつく，不敗の皇帝にして国王たる<u>主君</u>よ。[中略]私は，<u>テミスティタン</u>[テノチティトランのこと]の都のインディオ
　　　　　　　　　　　　　ⅱ)
　　　に力ずくでかの地を追い出されましてから，[中略]すべての原因であるあの大都[テノチティトラン]の者たちのところへ，ふたたび攻め入ることを固く決意している旨，申し上げました。[中略]われらの主，神のみこころにより，戦争は聖イポリトの日，1521年8月13日火曜日に終わりました。従いまして，同年5月30日に都を包

囲しましてから，これを占領いたしますまで，75日間を要したことになります。［中略］いと強き君主。前段で申し上げましたとおり，私は，少しまえから，南の海<u>iii</u>についての知識を得ており，そこは，2，3の地方を通って，ここ［テノチティトランの南にある町コヨアカン］から12，3日，ないし14日の行程である，ということを承知しておりました。［中略］この地域で南の海を発見すれば，かならず金・真珠・宝石および香料が豊富にある，たくさんの島々を見つけ出し，その他の多くの未知のものや驚嘆すべきものを発見できるにちがいない，と考えていたからです。

　　　　出所：　□　著（伊藤昌輝訳）『　□　報告書簡』法政大学出版局，2015年。
　　　　　　　　　　　　＊　□　にはこの書簡の執筆者名が入る。

ⅰ．これが示す人物の名をしるせ。

ⅱ．これが示す人物の名をしるせ。

ⅲ．これが示すのは何か。現在の名称を次のa〜dから1つ選び，その記号をマークせよ。

　　a．カリブ海　　　　b．大西洋　　　　c．太平洋　　　　d．南氷洋

5．これはフランスのカルヴァン派の呼称である。カルヴァンが1541年以降神政政治をおこなった都市を，次のa〜dから1つ選び，その記号をマークせよ。あてはまるものがない場合は，eをマークせよ。

　　a．コンスタンツ　　　　b．ジュネーヴ　　　　c．チューリヒ　　　　d．ナント

6．この国王の名をしるせ。

7．この都市の説明として正しいものを，次のa，c，dから1つ選び，その記号をマークせよ。あてはまるものがない場合は，eをマークせよ。

　　a．17世紀中頃に商業の黄金時代を迎えた

　　c．ライン川沿いに位置している

　　d．ワロン地域の都市である

8．この地で1962年にクーデタを起こして革命評議会議長に就任し，軍事政権を樹立した政治家の名をしるせ。

9．この地で南詔が滅亡した後，937年に成立した国の名をしるせ。

10．ここを首都として1782年に王朝を興したのは誰か。その名をしるせ。

11．この人物が皇帝として在位していた期間の出来事はどれか。次のa〜dから1つ選び，その記号をマークせよ。あてはまるものがない場合は，eをマークせよ。

　　a．クリミア戦争が始まった

　　b．神聖同盟が結ばれた

　　c．デカブリストの乱が鎮圧された

　　ｄ．農奴解放令が発布された

　12．この会社の設立者は，アフリカ南端のイギリス植民地でダイヤモンド鉱山開発を手
　　　がけ，1890年に同植民地の首相になった。この人物の名をしるせ。

　13．この年，アメリカ大統領が共産主義勢力の拡大により不安定化したギリシアやトル
　　　コを援助する外交方針を示した。この大統領の名をしるせ。

Ⅱ．　次の文を読み，下記の設問Ａ・Ｂに答えよ。解答は解答用紙の所定欄にしるせ。

　　古代ローマ文明のおよんだヨーロッパではローマ風の整備されたインフラや文化施設な
どを備えた都市が数多く建設され栄えていたが，東方からは，<u>3 世紀に，イラン系の民族が</u>，
　　　　　　　　　　　　　　　　　　　　　　　　　　　　　1)
北方からは，4 世紀に，<u>ゲルマン人</u>が侵入したことなどもあって，<u>ローマ帝国は東西に分裂</u>
　　　　　　　　　2)　　　　　　　　　　　　　　　　　　　　3)
することになる。これと並行して，帝国領内で政治経済の混乱が生じ，地中海東西間の通
商は衰え，都市機能が縮小した。こうして，<u>ヨーロッパの都市は概ねいったん衰退</u>へと向
　　　　　　　　　　　　　　　　　　　4)
かった。

　　しかし，11世紀頃から中世ヨーロッパでは，都市が新たな発展を迎えた。この頃，農業
の技術革新がおこり，これによって農業生産の増大とそれに伴う人口の増加が，商業を活
性化させ，その拠点として都市が発展することになった。それに伴い，貨幣経済も広がり
始め，<u>十字軍</u>の影響で，停滞していた遠隔地商業も活発化した。
　　　　5)
　　こうして成立した都市は，皇帝や国王，諸侯や司教，領主といった封建的支配者から自
治権を承認する特許状を得るなどして自らの地位を高めることにつとめた。さらには共通
の利害のために，都市間で同盟を結ぶこともあった。地中海では，北イタリアの諸都市が，
12世紀に神聖ローマ皇帝のイタリア政策に対抗するために（　イ　）同盟を結び，北ヨー
ロッパでは，北ドイツの諸都市が，リューベックを盟主とする（　ロ　）同盟を結成して，
諸侯とならぶ政治勢力となった。やがて，<u>政治を左右するほどの大富豪</u>もあらわれた。
　　　　　　　　　　　　　　　　　　　　　　　6)
　　こうした中で，14世紀半ばにヨーロッパ全土に<u>黒死病（ペスト）</u>が流行した際には，<u>農</u>
　　　　　　　　　　　　　　　　　　　　　　7)　　　　　　　　　　8)
<u>村地域への打撃も深刻だった</u>が，都市住民もおよそ半分の人口を失ったと言われている。
これは，都市の人口が徐々に増加し，城壁内が過密化することによって，不衛生な状態が
もたらされたことに起因したとも言われている。

　　やがて，近世になるとヨーロッパでの都市の発達は，ウィーン，ベルリン，パリやロー
マのような王侯貴族の宮廷がおかれた都市を除いて，再び停滞し，新しい都市の出現がほ
とんどなくなった。むしろ，収縮したり消滅したりするものさえあった。ヨーロッパにお

ける都市の新たな発展の段階は, 産業革命による工業化を待たねばならなかったのである。
　　　　　　　　　　　　　　　　9)

A. 文中の空所(イ)・(ロ)それぞれにあてはまる適当な語句をしるせ。

B. 文中の下線部1)〜9)にそれぞれ対応する次の問1〜9に答えよ。

1. この時代に, この民族が興した王朝は何か。次のa〜dから1つ選び, その記号を
マークせよ。あてはまるものがない場合は, eをマークせよ。

　　a. ウマイヤ朝　　　b. ササン朝　　　c. サーマーン朝　　　d. マウリヤ朝

2. この民族の建てた国に関する次の問i・iiに答えよ。

　i. この民族の1つが, 410年にローマを略奪した後, イベリア半島で建てた王国の
　　名をしるせ。

　ii. この民族の1つが, ガリア東南部に建て, 後にフランク王国に滅ぼされた王国の
　　名をしるせ。

3. 395年にローマ帝国を東西に分割し, 2人の子に分け与えたローマ皇帝は誰か。そ
の名をしるせ。

4. これに対し, 西アジアでは8世紀半ばに三重の円形の城壁をもった都市がバグダー
ドに築かれた。この都市は, 150万人もの住民人口に達したといわれ, イスラーム世
界の中心として繁栄した。この都市に関する次の問i・iiに答えよ。

　i. この都市を建設したのはアッバース朝の第2代カリフであるが, それは誰か。次
　　のa〜dから1つ選び, その記号をマークせよ。あてはまるものがない場合は, e
　　をマークせよ。

　　　a. アブド＝アッラフマーン3世　　　b. アリー

　　　c. ハールーン＝アッラシード　　　d. マンスール

　ii. アッバース朝第7代カリフのマームーンによってこの都市に設立された, 主にギ
　　リシア語からアラビア語への翻訳を行うことによって, その後, イスラーム圏の学
　　問が飛躍的に発達することに貢献した研究機関を何と呼ぶか。その名をしるせ。

5. これに関する次の都市①〜③について, 問i・iiに答えよ。

　①　第4回十字軍が占領したビザンツ帝国の首都

　②　第7回十字軍の遠征先で, ルイ9世が病死した都市

　③　1291年に陥落した十字軍最後の拠点

表

都市	都市名	場所
①	〈あ〉	〈え〉
②	〈い〉	〈お〉
③	〈う〉	〈か〉

ⅰ．表の〈あ〉～〈う〉に入る都市名を次のa～gからそれぞれ1つずつ選び，その
　記号をマークせよ。あてはまるものがない場合は，hをマークせよ。

　a．アッコン　　　　　　　　b．アレクサンドリア　　　c．アンティオキア

　d．コンスタンティノープル　e．チュニス　　　　　　　f．ニケーア

　g．マルセイユ

ⅱ．表の〈え〉～〈か〉に入る場所を地図上のa～gからそれぞれ1つずつ選び，そ
　の記号をマークせよ。あてはまるものがない場合は，hをマークせよ。

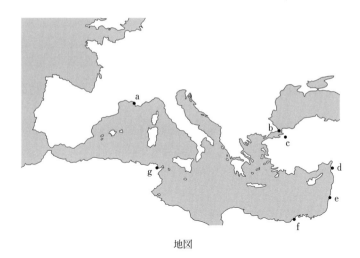

地図

6．彼らや各都市の支配者たちによって中世都市が繁栄するのに伴い，新しい文化が発
　展し，それはルネサンスと呼ばれた。フィレンツェの大富豪で，芸術家や学者の保護
　育成に努め，教皇も輩出した一族は何か。その名をしるせ。

7．この流行下で，人間の欲望を風刺した短編集を著し，ホメロスの著作のラテン語訳
　も行ったイタリアの作家は誰か。その名をしるせ。

8．この農村人口の激減は，領主の支配におかれていた農民の地位を高めることになっ
　た。このことに関する次の問ⅰ・ⅱに答えよ。

　ⅰ．この結果，農奴身分からの解放を先駆的に勝ち取った，イギリスの農民たちを何

と呼ぶか。その名をカタカナでしるせ。

ⅱ．労働力の減少によって困窮した領主の中には，賦役を復活させて農民の再支配を
はかるものが現れたが，これに対し，農民たちは一揆や反乱を起こしてこれに対抗
した。百年戦争中のイングランドで1381年に発生した農民反乱の名をしるせ。

9．これを経験したイギリスは19世紀以降，経済力と海軍を中心とした軍事力とで他
の国々を圧倒し，覇権的地位を確立した。この状況はラテン語で何と呼ばれたか。そ
の名をカタカナでしるせ。

解答 世界史

I **解答**　A．イ．バーブル　ロ．シク　ハ．西太后
　　　　　　ニ．マーク=トウェイン
B．1−b　2．イスマーイール 1 世
3．a）誤　b）誤　c）正　d）正
4．i．カルロス 1 世（カール 5 世も可）　ii．コルテス　iii−c
5−b　6．ルイ 14 世　7−e　8．ネ=ウィン　9．大理
10．ラーマ 1 世　11−d　12．セシル=ローズ　13．トルーマン

◀解　説▶

≪宝石からみた世界史≫

A．ロ．19 世紀中頃，インドのシク教徒とイギリスとの間で行われたのがシク戦争である。この戦争でシク教徒は敗れ，パンジャーブ地方はイギリスに併合された。

ハ．清王朝の咸豊帝の側室である西太后は，息子の同治帝の治世下で皇太后として実権を握った。

ニ．難問。ミズーリ州出身の小説家であるマーク=トウェインは，『金ぴか時代』の中で 19 世紀のアメリカ社会を風刺した。他の代表作としては，『ハックルベリー・フィンの冒険』や『トム・ソーヤの冒険』が有名である。

B．1．やや難。デリー=スルタン朝は 13 世紀から 16 世紀まで続いたインドのイスラーム政権で，奴隷王朝・ハルジー朝・トゥグルク朝・サイイド朝・ロディー朝の順に成立した。

2．サファヴィー朝はシーア派の十二イマーム派を国教とする王朝で，イスマーイール 1 世によって建国された。

3．『神学大全』を著したトマス=アクィナスは，イタリア出身のドミニコ会修道士で，パリ大学神学部の教授となった。

4．16 世紀前半に活躍したスペイン人のコンキスタドールとしては，アステカ王国を征服したコルテスやインカ帝国を征服したピサロが有名である。文章中の「私」は，アステカ王国の都であるテノチティトランを征服

したと書かれているため，ⅱ）はコルテス，ⅰ）はコルテスが仕えたスペイン国王カルロス1世だと推察できる。ⅲ）は現在のメキシコシティにあたるテノチティトランの南にある海だと理解できるため，太平洋であると推測できる。

5．カルヴァンはパリからスイスに逃れた後，同国のジュネーヴで神権政治を行った。a．誤り。コンスタンツは現在のドイツ南部にあたり，1414年にこの地で公会議が実施された。c．誤り。チューリヒはスイスの都市で，ルターの影響を受けたツヴィングリが宗教改革を行った。d．誤り。ナントはフランスの港湾都市で，1598年にこの地でフランス国王アンリ4世はナントの王令を発した。

6．ルイ14世は1643年から1715年まで在位したブルボン朝の国王で，フランスの絶対王政の全盛期を築いた。

7．a．誤文。アントウェルペンは16世紀に繁栄したが，1585年にスペイン軍に都市を破壊されて衰退した。17世紀中頃に商業の黄金時代を迎えたのは，アントウェルペンに代わって栄えたアムステルダムである。c．誤文。ライン川沿いに位置しているオランダの都市は，ロッテルダムである。d．誤文。ワロン地域は現在のベルギーに位置している。

8．難問。ネ=ウィンはビルマの軍人で，1962年にクーデターを起こして，軍事政権を樹立した。

9．やや難。南詔は現在の雲南省で建国された国で唐と吐蕃の間で栄えたが，10世紀初め頃に漢人の宰相に実権を奪われ滅亡した。その後，同地に大理が建国された。

10．やや難。1782年，タイのバンコクにラタナコーシン朝を興したのは，ラーマ1世である。

11．ニコライ1世は1825年から1855年まで在位しており，1834年当時は彼の息子のアレクサンドル2世が皇太子であった。a．誤文。クリミア戦争が起こった1853年は，ニコライ1世が即位していた。b．誤文。1815年，アレクサンドル1世の提唱で神聖同盟が結ばれた。c．誤文。アレクサンドル1世が急死し，ニコライ1世が即位することになったため，1825年にデカブリストの乱が起こった。

12．セシル=ローズは南アフリカにおけるダイヤモンドの採掘権を独占し，ケープ植民地の首相としてイギリスの帝国主義政策を推進した。

13．トルーマンはソ連を中心とした共産主義勢力の拡大を脅威に感じたため，ギリシアやトルコへの支援を表明し，共産主義圏に対する封じ込め政策を行った。

Ⅱ 解答　A．イ．ロンバルディア　ロ．ハンザ
　　　　　　B．1－b

2．i．西ゴート王国　ii．ブルグンド王国　3．テオドシウス帝
4．i－d　ii．知恵の館〔バイト=アルヒクマ〕
5．i．〈あ〉－d　〈い〉－e　〈う〉－a　ii．〈え〉－b　〈お〉－g
〈か〉－e
6．メディチ家　7．ボッカチオ
8．i．ヨーマン　ii．ワット=タイラーの乱
9．パクス=ブリタニカ

◀解　説▶

≪古代～近世におけるヨーロッパの歴史≫
A．イ．ロンバルディア同盟は，ミラノやボローニャなどの北イタリア諸都市が，神聖ローマ帝国の皇帝に対抗するために結ばれた。
ロ．ハンザ同盟は，リューベックやハンブルク，ケルンなどの北ドイツ諸都市が中心となって結成された。
B．1．a．誤り。ウマイヤ朝は，7世紀に成立したアラブ人のイスラーム王朝である。c．誤り。サーマーン朝は，9世紀に中央アジアで成立したイラン系のイスラーム王朝である。d．誤り。マウリヤ朝は，前4世紀に成立したインドの王朝である。
2．i．西ゴート人はローマを略奪した後，5世紀前半にイベリア半島の北部を支配して西ゴート王国を建国した。
ii．ブルグンド人は現在のフランスにあたるガリアに侵入し，5世紀にブルグンド王国を築いた。しかし，同じゲルマン系のフランク人と争い，534年に滅ぼされた。
3．テオドシウス帝はローマ帝国を東西に分割し，西をホノリウスに，東をアルカディウスに与えた。
4．i．a．誤り。アブド=アッラフマーン3世は，後ウマイヤ朝の最盛期を実現させたカリフである。b．誤り。アリーは，正統カリフ時代の第

4代にあたる人物である。ｃ．誤り。ハールーン＝アッラシードは，アッ
バース朝全盛期のカリフで，『千夜一夜物語』にも登場している。

5．第4回十字軍は，本来の目的から逸脱し，ビザンツ帝国の首都である
ｄ．コンスタンティノープル（地図ｂ）を占領した。第7回十字軍は，フ
ランス王のルイ9世がアフリカ北岸のｅ．チュニス（地図ｇ）に遠征した
が，現地で病死した。1291年にａ．アッコン（地図ｅ）がイスラーム教
徒に占領された。

ｂ．アレクサンドリア（地図ｆ）やｃ．アンティオキア（地図ｄ）は，キ
リスト教の五本山として知られている。ｆ．ニケーア（地図ｃ）では，
325年にコンスタンティヌス帝によって公会議が開かれた。ｇ．マルセイ
ユ（地図ａ）は，もともとギリシア人の植民都市で，後に西地中海の交易
の中心として栄えた。

6．メディチ家はイタリアのフィレンツェにおける大富豪で，ミケランジ
ェロのパトロンにもなった教皇レオ10世を輩出した。

7．ボッカチオはホメロスの『イーリアス』をラテン語に翻訳するだけで
はなく，黒死病の流行下で人間の欲望を風刺した『デカメロン』を著した。

8．ⅰ．領主層の没落に伴い，イギリスではヨーマンと呼ばれる独立自営
農民が現れた。

ⅱ．百年戦争中，1358年にはフランスでジャックリーの乱が，1381年に
はイギリスでワット＝タイラーの乱が起こった。

9．19世紀以降，イギリスは植民地政策を推し進め，パクス＝ロマーナに
なぞらえてパクス＝ブリタニカと呼ばれる繁栄を築いた。

❖講　評

Ⅰ　宝石をテーマに，古代から現代まで幅広い時代が問われた。政治
史・外交史からの出題が多いが，トマス＝アクィナスなどの文化史に関
する設問も見られた。欧米地域だけでなく，中国・インド・東南アジア
に関する内容も含まれている。全体として標準レベルの設問が多いが，
8のネ＝ウィンや10のラーマ1世に関する問いなど，教科書レベルの学
習では対応の難しい問題が一部含まれている。また，『コルテス報告書
簡』を読み解く問題も出題された。教科書や図説などに記載された細か
い解説の学習に関する有無が試されている。

Ⅱ　ヨーロッパの歴史をテーマに，古代から近代までの政治史・外交史が問われた。ヨーロッパやアジア，アメリカ，アフリカなど様々な地域からの設問が出題された。記述法を中心に教科書レベルの設問が多いが，4 の ii にある知恵の館や 7 のボッカチオなどの文化史に関する出題が増加した。用語集の細かい解説等にも目を通して，文化史への理解を深めておく必要がある。また，5 では十字軍に関係する都市の名前とその場所を問う問題が出題された。日頃から地図等を用いた視覚的な学習を取り入れておきたい。

2022
年度

問題と解答

2月12日実施分　問題 日本史

（60分）

Ⅰ．次の文1〜3を読み，下記の設問A・Bに答えよ。解答は解答用紙の所定欄にしるせ。

1．出土した考古資料から，縄文人の主たる栄養源は狩猟・採取・漁労によって得られる
　　　　　　　　　　　　　　　　　　　　　　　　　　　　　　　　　　1)
もので，熱した石で焼いたり，土器を用いて煮沸するなどして食したと考えられる。中国
　　　　　　　　　　　　　2)
大陸の（　イ　）中下流域で始まった稲作は，縄文時代の終わり頃に九州北部に伝来し
　　　　　　　　　　　　　　　　　　　　　　　　　　3)
た。佐賀県唐津市の（　ロ　）遺跡では水田や灌漑用の水路などの跡が発見されている。
紀元前5〜4世紀頃には水稲農耕を基本とする弥生文化が西日本で成立し，やがて日本
　　　　　　　　　　　　　　　　　　　　　　　　　　　　　　　　　　　　　　4)
列島に広がったが，北海道と南西諸島では食糧採取文化が続いた。稲作により，人々の
生活は食料生産の段階に移行し，数十戸の住居と収穫物を貯蔵する（　ハ　）倉庫など
の周囲に濠や土塁をめぐらした戦いに備えた集落も多く作られた。強力な集落は周辺の
　　　　　　　　　　　　　　　　　　　　5)
集落を統合して政治的なまとまりである「クニ」を成し，各地で「クニ」が分立するよ
うになった。

2．日本は中国大陸の王朝の文化や政治制度を受容し，701年に完成した大宝律令によっ
て天皇を中心とする中央集権国家の制度を整えた。土地制度は唐の制度にならって公有
　　　　　　　　　　　　　6)
を原則とし，民衆は6年ごとに25人程度を戸として登録され，戸を単位に6歳以上の男
女に（　ニ　）が与えられた。税には租・調・庸・雑徭などがあった。絹や糸，諸国の
　　　　　　　　　　　　　　　　　　　　　　　　　　7)
産物などの調や庸，国衙からの貢進物などは都まで運搬した。長屋王邸跡で大量に出土
　　　　　　　　　　　　　　　　　　　　　8)
した木簡には荷札もあり，それによると当時の王族は海産物やシカ肉，カモ肉，野菜，
果物，牛乳など多様な食材を摂取していたことがうかがえる。一方，民衆の食事は野菜，
　　　9)
海藻などを用いる一汁一菜で，身分の固定化により，食文化も二極化した。

3．鎌倉・室町時代，武士は所領の拡大や収穫の増益に努め，農業技術が進歩した。牛馬
や鉄製の農具を用い，肥料の改良や灌漑・排水設備の改善などによって二毛作が広がり，
　　　　　　　　　　10)
やがて畿内では三毛作も行われた。稲は改良により収穫時期の異なる品種が生まれ，中
国から災害に強く多収穫の（　ホ　）米が輸入されるなど，収穫が安定化した。また，

商品作物の栽培が行われ，その加工品は商品化した。手工業や商業も発展し，定期市や
₁₁₎
専門市場が開かれ，行商人や常設の小売店が生まれるなどした。
　　当時の農民の食事は野菜や魚を用いた一汁二菜で，武士は武芸の訓練を兼ねた狩りで
　　　　　　　　　　　　　　　　　　　　　　　　　　　　　　　　　　13)
イノシシやウサギ，野鳥をとり，その肉も食した。それまで日本では一日二食だったが，
武士は戦時には三食以上食べることもあり，また，関東を中心に武士に大きな影響を与
えた中国伝来の禅宗でも朝夕二食に加えて昼に軽食を摂っていた。
　14)

A．文中の空所(イ)～(ホ)それぞれにあてはまる適当な語句をしるせ。

B．文中の下線部1)～14)にそれぞれ対応する次の問1～14に答えよ。
　1．これで得た貝の殻などを捨てた遺跡の学術的な発掘調査を，最初に行なった人物は
　　　どれか。次のa～dから1つ選び，その記号をマークせよ。
　　　　a．ナウマン　　　　b．ミルン　　　　c．モース　　　　d．ラグーザ
　2．これの変化から縄文時代は何期に分けられるか。次のa～dから1つ選び，その記
　　　号をマークせよ。
　　　　a．4　　　　b．5　　　　c．6　　　　d．8
　3．この時代に関する次の文i・iiについて，その正誤の組み合わせとして正しいのは
　　　どれか。次のa～dから1つ選び，その記号をマークせよ。
　　　i．この時代の遺跡である群馬県の岩宿遺跡では，楕円形の石斧などが発見された
　　　ii．この時代の文化は，寒冷な氷期と比較的温暖な間氷期を繰り返す更新世中期に形
　　　　　成された
　　　　a．i：正　ii：正　　　　b．i：正　ii：誤
　　　　c．i：誤　ii：正　　　　d．i：誤　ii：誤
　4．この時期，北海道にみられた食料採取文化の名をしるせ。
　5．これに関連して，香川県の紫雲出山遺跡のように，弥生時代中～後期に瀬戸内海沿
　　　岸を中心とする西日本に多く分布する集落を何というか。その名をしるせ。
　6．この制度で中央に設けられた八省のうち，国家財政を担ったのはどれか。次のa～
　　　dから1つ選び，その記号をマークせよ。
　　　　a．式部省　　　　b．治部省　　　　c．中務省　　　　d．民部省
　7．これを徴収するために民衆が登録された徴税台帳の名をしるせ。
　8．これを行う者を何というか。その名をしるせ。
　9．これを最初に献上されたとされる天皇は，日本で最初の元号を立て，難波宮に遷都

した。この天皇の名をしるせ。

10．この中で，山野から採取し，田畑に埋めて腐敗させたものを何というか。その名を
　　しるせ。

11．鎌倉時代のこれに該当するものはどれか。次のa～dから1つ選び，その記号をマ
　　ークせよ。

　　a．荏胡麻　　　　b．甘蔗　　　　c．煙草　　　　d．木綿

12．鎌倉・室町時代のこれに関する次の文ⅰ・ⅱについて，その正誤の組み合わせとし
　　て正しいのはどれか。次のa～dから1つ選び，その記号をマークせよ。

　　ⅰ．石清水八幡宮を本所とする灯炉供御人は，油の販売権を独占した

　　ⅱ．替銭や割符とよばれる為替による取引きが活発化した

　　　a．ⅰ：正　ⅱ：正　　　　b．ⅰ：正　ⅱ：誤

　　　c．ⅰ：誤　ⅱ：正　　　　d．ⅰ：誤　ⅱ：誤

13．このうち，「騎射三物」に含まれないものはどれか。次のa～dから1つ選び，その
　　記号をマークせよ。

　　a．犬追物　　　　b．笠懸　　　　c．巻狩　　　　d．流鏑馬

14．これに関して，坐禅に専念することで悟りの境地に至る曹洞宗の修錬法を何と呼ぶ
　　か。その名をしるせ。

Ⅱ. 次の文1～3を読み，下記の設問A・Bに答えよ。解答は解答用紙の所定欄にしるせ。

1．江戸時代には，百姓は村請制のもとで年貢や諸役などの負担を課せられたが，幕府や藩の支配が原因で百姓の暮らしや生産活動が損なわれた時には，しばしば直接行動を起こした。17世紀後半からは，村々の代表者が百姓全体の要求をまとめて領主に直訴する代表越訴型一揆が増え，こうした一揆の代表とされる下総の（　イ　）は義民として伝説化し，幕末に演劇などにとりあげられた。その後17世紀末には，広く農民が参加し，領主に強訴する惣百姓一揆が各地で見られるようになり，1738年に起きた全藩一揆である陸奥磐城平藩の（　ロ　）一揆などが知られる。強訴とは，百姓が集団となって城下などに押しかけて訴願内容の実行を求めることをいう。一揆には作法もあった。たとえば，一揆勢は鎌や鍬・鋤などの農具を持ち出し，農作業と同じ蓑笠を着用した。動員の対象となる百姓は原則として男性だったが，米騒動や女性の労働に関わる問題で強訴する場合には女性が一揆に加わることもあった。

　　幕末になると，開港後の貧富の格差の拡大や政治的抗争などを背景に社会不安が増大し，世直しを掲げる一揆が増加した。世直し一揆の要求は，村役人や豪農商の不正の糾弾，借金証文の廃棄，質地の取り戻しの要求など，領主に対する要求というよりは，村落内の上層や都市の豪商へ向けた要求であった点に特徴がある。「世直し」の願いは民衆宗教の形をとることもあり，（　ハ　）が教祖となった天理教などがすでにはじまっていたが，この時期急激に広まった。

2．工場での機械制生産が次第に広まり，産業革命が日本でもはじまった。この時の主な工業は，紡績業を中心とする繊維産業であり，当時の繊維産業の工場労働者の多くは貧農の娘などの出稼ぎによる女性労働者であった。一方，重工業や，鉱山業・運輸業では男性労働者が多数を占めた。労働者や都市下層の人々の貧しい暮らしは，社会問題としてとりあげられるようになった。

　　社会運動が本格的に勃興するのは第一次世界大戦後である。大戦中の産業の急速な発展によって労働者数が大幅に増加し，物価高がすすむ中，労働運動が高揚し，農村では農民運動が発展した。普通選挙要求運動も広がり，1925年には普通選挙法が成立して，満25歳以上の男性が衆議院議員の選挙権を持つことになった。同年，治安維持法も制定された。1920年代には知識人の中でも自由主義的な主張が広まり，一方でマルクス主義も大きな影響力を持った。芸術の世界にもその影響は及び，1928年には全日本無産者芸術連盟が結成され，機関誌『（　ニ　）』が発行された。

　　大正時代には女性の解放を目指す運動も本格化した。なかでも，平塚らいてうが中心

となって結成し，関東大震災直後に大杉栄とともに殺害された（　ホ　）もそのメンバーであった青鞜社は，家制度や貞操道徳を鋭く批判したことで有名である。平塚らいてうは，妊娠・出産・育児期の女性に対する国家の経済的援助を主張し，これに反論する歌人の（　ヘ　）を相手に論争を繰り広げた。これは母性保護論争と呼ばれた。

3．敗戦後，GHQは日本民主化のために農地改革や労働改革を行なった。1945年には労働組合法が制定されるなか，労働組合運動は急激に発展した。1946年には全国組織として右派の労働組合である日本労働組合総同盟と左派の（　ト　）が結成され，労働組合員数も急速に増大した。さらに，伊井弥四郎を議長とする全（　チ　）共同闘争委員会に結集した労働者を中心に，1947年2月1日にゼネラルストライキに突入することが決定されたが，その前日，GHQの指令によって中止された。

　　1950年代に入って平和運動がかつてなく高揚し，原水爆や米軍基地拡張に反対する大衆的運動が発展した。また，1957年に岸信介内閣が成立し，日米安全保障条約改定交渉がすすめられると，アメリカの戦争体制に巻き込まれるのではないかとの懸念と批判が国民の間に広がった。このため1959年には，安保条約改定阻止国民会議が結成され，安保条約改定反対運動が高揚したのである。

　　その後，高度経済成長を経て大きく変貌しつつあった社会を背景とし，1960年代半ば以降の社会運動には，その担い手や目標に新しい特徴が見られるようになっていった。

A．文中の空所（イ）～（チ）それぞれにあてはまる適当な語句をしるせ。

B．文中の下線部1）～11）にそれぞれ対応する次の問1～11に答えよ。

　1．江戸時代のこれに関する記述i・iiについて，その正誤の組み合わせとして正しいのはどれか。次のa～dから1つ選び，その記号をマークせよ。

　　i．選別用には千石簁が使われるようになり，揚水機は中国伝来の踏車に替わって龍骨車が普及していった

　　ii．鉄製の農具である深耕用の備中鍬が普及した

　　　a．i：正　ii：正　　　　b．i：正　ii：誤

　　　c．i：誤　ii：正　　　　d．i：誤　ii：誤

　2．江戸時代のこれに関する記述として正しくないのはどれか。次のa～dから1つ選び，その記号をマークせよ。

　　a．喜多川歌麿は『当時全盛美人揃』で遊廓の女性を描いた

　　b．幕府は公武合体政策のために孝明天皇の妹である和宮を将軍徳川家茂の妻に迎えた

　　c．幕府は徳川和子を後水尾天皇に入内させた

　　d．幕府は風俗取締のために天保の改革で女歌舞伎を禁止した

3．これに関係して，細井和喜蔵が著し1925年に刊行されたのはどれか。次のa〜dから1つ選び，その記号をマークせよ。

　　a．あゝ野麦峠　　　b．女工哀史　　　c．職工事情　　　d．日本之下層社会

4．これに関係して，第一次世界大戦終結後に起こった出来事として正しいのはどれか。次のa〜dから1つ選び，その記号をマークせよ。

　　a．1911年に制定されながらも施行が延期されていた工場法が施行された

　　b．高野房太郎らが労働組合期成会を結成した

　　c．農事改良を目的とした農会法が制定された

　　d．労働組合が主催した第1回メーデーが上野公園で開催された

5．これは1928年に改正された。1928年の改正点について60字以内で説明せよ。

6．これに関係して，以下の文章の筆者はどれか。次のa〜dから1つ選び，その記号をマークせよ。（史料は一部改変してある）

　　　若し政府と国民に，総てを棄てて掛るの覚悟があるならば，会議そのものは，必ず我れに有利に導き得るに相違ない。例へば満州を棄てる，山東を棄てる，其他支那が我国から受けつつありと考ふる一切の圧迫を棄てる，其結果は何うなるか。又例へば朝鮮に，台湾に自由を許す，其結果は何うなるか。英国にせよ，米国にせよ，非常の苦境に陥るだろう。（「一切を棄つるの覚悟―ワシントン会議にあたって」『東洋経済新報』1921年7月23日号）

　　a．石橋湛山　　　b．長谷川如是閑　　　c．美濃部達吉　　　d．吉野作造

7．明治民法で定められたこれに関する記述i・iiについて，その正誤の組み合わせとして正しいのはどれか。次のa〜dから1つ選び，その記号をマークせよ。

　　i．家族の婚姻は戸主の承認を必要としたが，居住には戸主の承認は必要なかった

　　ii．戸主の地位は長男が優先して単独で相続するとされていた

　　　　a．i：正　ii：正　　　　b．i：正　ii：誤

　　　　c．i：誤　ii：正　　　　d．i：誤　ii：誤

8．これに関する次の出来事a〜dのうち，もっとも古いものを解答欄のiに，次に古いものをiiに，以下同じようにivまで年代順にマークせよ。

　　a．核拡散防止条約が国連総会で採択された

　　b．第1回原水爆禁止世界大会が開催された

　　　 c ． 第五福龍丸事件がおこった

　　　 d ． 部分的核実験停止条約に米・英・ソ連が調印した

9 ． 1950年代のこれに関する記述として正しくないのはどれか。次の a ～ d から 1 つ選
　 び，その記号をマークせよ。

　　　 a ． 石川県内灘村では米軍試射場反対運動が起こった

　　　 b ． 沖縄では島ぐるみ闘争が起こり，普天間基地の返還が決まった

　　　 c ． 東京都では立川米軍基地拡張反対運動が起こった

　　　 d ． 富士山麓では，基地反対闘争が起こった

10． これに関する記述として正しいのはどれか。次の a ～ d から 1 つ選び，その記号を
　 マークせよ。

　　　 a ． 改定交渉のさなかにアイゼンハワー米大統領が来日した

　　　 b ． 警官隊を導入した衆議院で条約批准の採決が強行された

　　　 c ． 在日米軍の軍事行動に関する事前協議制が条文から削除された

　　　 d ． 条約批准案は参議院の議決を経て成立した

11． これに関連して，1960年代半ばから1970年代にかけて起こった出来事でないのはど
　 れか。次の a ～ d から 1 つ選び，その記号をマークせよ。

　　　 a ． 小田実らによってべ平連の運動がはじまった

　　　 b ． 警察官職務執行法の改正が世論の反対で失敗に終わった

　　　 c ． 東京大学の安田講堂が学生たちに占拠された

　　　 d ． 四大公害訴訟がいずれも被害者側の勝訴に終わった

2月12日実施分　解答 日本史

I **解答** A．イ．長江〔揚子江〕　ロ．菜畑　ハ．高床
ニ．口分田　ホ．大唐〔赤〕

B．1—c　2—c　3—d　4—続縄文文化　5—高地性集落　6—d
7—計帳　8—運脚〔運脚夫，脚夫，担夫〕　9—孝徳天皇　10—苅敷
11—a　12—c　13—c　14—只管打坐

◀解　説▶

≪原始〜中世の食生活事情≫

A．イ．稲作は中国大陸の南に位置する長江（揚子江）下流域で始まった。北に位置する黄河と区別して覚えたい。黄河中流域ではアワやキビなどの農耕がおこった。

ロ．縄文晩期の水田跡がみられる遺跡として，佐賀県の菜畑遺跡と福岡県の板付遺跡を押さえておきたい。

B．1．cが正解。1877年に東京大学に招かれた動物学者のモースは，同年，大森貝塚の発掘調査を行った。

2．cが正解。縄文時代は土器の器形から，草創期・早期・前期・中期・後期・晩期の6期に区分けされる。

3．dが正解。i．誤文。群馬県の岩宿遺跡は旧石器時代の遺跡。ii．誤文。「寒冷な氷期と比較的温暖な間氷期」を繰り返したのは，旧石器時代。

5．「戦いに備えた集落」や「香川県の紫雲出山遺跡」「瀬戸内海沿岸を中心とする西日本に多く分布」から，高地性集落と判断したい。高地性集落は海抜100mをこえる山頂・丘陵上に営まれた集落であるので，紫雲出「山」遺跡とあることもヒントにしたい。

6．dが正解。民部省は，戸籍・租調庸・田畑を司り，国家財政を担った。aの式部省は文官の人事や大学の管理，bの治部省は仏事や外交事務，cの中務省は詔書の作成を担当した。

7．調・庸を徴収するために民衆が登録された徴税台帳を計帳という。計帳は毎年作成された。

8．調・庸などの貢納物を中央政府へ運搬する人夫である運脚は諸国の正

丁の義務で，食料などは自弁であった。

9．「これ（牛乳）を最初に献上されたとされる天皇」からの判断は難し
いが，「日本で最初の元号」である大化の元号を立てたこと，「難波宮（難
波長柄豊碕宮）に遷都した」ことから，孝徳天皇と判断できる。

10．刈敷は，刈った草葉を地中に埋めて腐敗させた肥料。同じく鎌倉時代
から使用が開始された，草木灰とともに押さえておこう。

11．aが正解。荏胡麻からとった油が灯明に用いられた。鎌倉時代には，
紙の原料である楮や染料である藍も栽培された。dの木綿は戦国時代，b
の甘蔗（さとうきび）とcの煙草は江戸時代頃に日本で栽培が開始された。

12．cが正解。ⅰ．誤文。灯炉供御人は蔵人所を本所とした。石清水八幡
宮を本所とし，油の販売権を独占したのは，大山崎油座。ⅱ．正文。

13．騎射三物とは，鎌倉時代に武士のあいだで行われた流鏑馬・笠懸・犬
追物の3種の馬上弓技を指す。巻狩は獣を追い出し，弓矢で仕留める大規
模な狩猟。鎌倉時代にもみられ，武芸の修練も兼ねたが，騎射三物には含
まれない。

Ⅱ 解答　A．イ．佐倉惣五郎〔木内宗吾〕　ロ．元文
ハ．中山みき　ニ．戦旗　ホ．伊藤野枝
ヘ．与謝野晶子　ト．全日本産業別労働組合会議　チ．官公庁
B．1−c　2−d　3−b　4−d
5．国体の変革を目的とする結社の組織者・指導者に死刑・無期懲役を科
すことができるようになり，協力者の処罰も可能となった。（60字以内）
6−a　7−c　8．ⅰ−c　ⅱ−b　ⅲ−d　ⅳ−a　9−b　10−b
11−b

◀解　説▶

≪近世～現代の庶民の闘争形態≫

A．イ．「代表越訴型一揆」「下総」「義民」から佐倉惣五郎（木内宗吾）
であると判断できる。その他，義民として，上野の磔茂左衛門や信濃の多
田嘉助などが知られる。

ロ．やや難。1738年に陸奥磐城平藩で起きた全藩一揆は元文一揆である
が，判断は難しい。

ニ．『戦旗』は，1928年に創刊された全日本無産者芸術連盟（ナップ）の

機関誌。小林多喜二や徳永直らが作品を発表した。

ホ．1923 年，関東大震災の混乱に乗じて，無政府主義者の大杉栄とその内縁の妻伊藤野枝らが憲兵太尉甘粕正彦に殺害される甘粕事件が起きた。伊藤野枝は日本初の女性による社会主義者団体である赤瀾会の結成に関与したことでも知られる人物。

ヘ．やや難。母性保護論争は，母となる女性・母親の地位や生活をどのように保障するかという論争。平塚らいてうらが国家による保護を主張したのに対して，与謝野晶子らはそれに反論した。空所直前の「歌人」などもヒントにしたい。

チ．やや難。国鉄労働組合・全遁信従業員組合を中心に結成された全官公庁共同闘争委員会が吉田茂内閣に対してゼネスト宣言を出したが，GHQの中止命令が出て不発に終わった。

B．1．c が正解。ⅰ．誤文。江戸時代の揚水機は，龍骨車に替わって踏車が一般的となった。ⅱ．正文。

2．d．誤文。女歌舞伎が禁止されたのは 1629 年。天保の改革は 1841〜43 年に実施された。

4．d．正文。第一次世界大戦は 1914〜18 年にかけて行われた。a・b・c．誤文。a の工場法の施行は 1916 年，b の労働組合期成会の結成は 1897 年，c の農会法の制定は 1899 年であるため，「第一次世界大戦終結後に起こった出来事」として誤り。

5．治安維持法の 1928 年の改正点について説明する問題。制定時との違いを意識して，改正点を述べればよい。国体の変革や私有財産の否認を目的とする結社を禁止した治安維持法が，加藤高明内閣時の 1925 年に成立し，当初は 10 年以下の懲役または禁錮の罰則が最高刑であった。1928 年の田中義一内閣で改正された際に，①最高刑が死刑・無期懲役となったこと，②協力者の処罰も可能となったことについて言及したい。なお，設問の要求は「改正点」であるため，内閣名などは求められていないと判断すべきだろう。

6．a が正解。石橋湛山が『東洋経済新報』の記者であったこと，植民地放棄など小日本主義を唱えたことを想起しよう。

7．c が正解。ⅰ．誤文。明治民法の 749 条では，家族は戸主の意に反して居住を定めることはできない，とされていた。ⅱ．正文。

8．c．第五福龍丸事件（1954年）→b．第1回原水爆禁止世界大会（1955年）→d．部分的核実験停止条約に米・英・ソが調印（1963年）→a．核拡散防止条約が国連総会で採択（1968年）の順となる。

9．b．誤文。「普天間基地の返還が決まった」のは1996年であるため，「1950年代」の説明として誤り。

10．b．正文。a．誤文。安保条約改定に際し，条約批准に反対する安保闘争が激化したため，予定されていたアイゼンハワー米大統領の来日が中止となった。c．誤文。安保条約改定に際し，在日米軍の軍事行動に関する事前協議制が条約付属の文書に盛り込まれた。d．誤文。安保条約改定の批准案は，衆議院で強行採決されたあと，参議院の議決を経ずに成立した。

11．b．誤文。「警察官職務執行法の改正が世論の反対で失敗に終わった」のは1958年であるため，「1960年代半ばから1970年代にかけて起こった出来事」として誤り。同法の改正は，安保条約改定の混乱を予想して，警察官の権限強化をはかる目的があった。安保条約改定が1960年の出来事であると把握していれば，それ以前の出来事であると判断できる。

❖講　評

　2022年度は，2021年度同様，大問数が2題，小問数が38問，試験時間が60分であった。標準的な問題が多く，正誤問題が4問，正文・誤文を選択する問題が5問，年代配列問題が1問出題された。

　Ⅰ　原始〜中世の食生活事情を題材とする出題である。基本〜標準的な問題が多かったが，記述式の問題中心であったため，正確に漢字を表記する能力が求められた。

　Ⅱ　近世〜現代の庶民の闘争形態を題材とする出題である。Ⅰに比べて，正誤問題や正文・誤文を選択する問題の割合が高かったが，内容は標準的なものが多かった。2021年度同様，史料を用いた問題もみられた。

2月13日実施分　　　　　問題 日本史

（60分）

Ⅰ. 次の文1～6を読み，下記の設問A・Bに答えよ。解答は解答用紙の所定欄にしるせ。

1. 中国東北部からおこった高句麗は，4世紀初めに朝鮮半島北部に領土を広げた。一方，朝鮮半島南部では，馬韓・弁韓・辰韓というそれぞれ小国の連合が形成され，馬韓は百済が，辰韓は新羅が統一した。4世紀後半に高句麗が南下策を始めると，倭国（ヤマト政権）は百済や<u>加耶諸国</u>とともにこれに対抗した。5世紀には，朝鮮半島から多様な知
　　　　　　　　　　　1)
識や技術を有する多くの<u>渡来人</u>が日本列島に渡り，ヤマト政権は彼らを技術者集団に組
　　　　　　　　　　　2)
織して各地に居住させた。6世紀に入ると，百済と新羅が勢力を南に広げ，加耶諸国は百済と新羅の支配下につぎつぎと入り，<u>ヤマト政権の朝鮮半島に対する影響力は後退し
　　　　　　　　　　　　　　　　　　　　　3)
た</u>。この間，ヤマト政権は新羅と結んだ筑紫国造（　イ　）との大規模な戦闘をおこなっている。

2. 618年に隋にかわって唐が中国を統一すると，倭国は630年に最初の遣唐使を派遣し，東アジアの新しい動向に応じて<u>中央集権体制の確立をめざした</u>。しかし，唐が新羅と結
　　　　　　　　　　　　　　　　　　　4)
んで660年に百済を滅ぼすと，倭国は百済復興を支援するために大軍を派遣し，663年の<u>白村江の戦い</u>で唐・新羅連合軍に大敗した。8世紀に入って唐との関係は改善され，遣
　5)
唐使も本格的に再開された。遣唐使に加わった留学生や学問僧により，先進的な政治制度や国際的な文化が日本にもたらされた。唐から帰国した人物の知識は重用され，<u>吉備
　　　　　　　　　　　　　　　　　　　　　　　　　　　　　　　　　　　　6)
真備</u>や玄昉は政界中心で活躍し，740年には彼らの排除を求めて（　ロ　）が九州で反乱を起こしたが鎮圧された。

3. 907年に唐が滅び，五代十国の諸王朝の興亡を経て，960年に成立した宋が中国を再統一した。朝鮮半島では，10世紀初めに高麗がおこり，新羅を滅ぼして半島を統一した。日本は高麗や宋と国交を開かなかったが，来航する高麗や宋の商人との交易がおこなわれた。また，宋商人の船を利用して大陸に渡り，<u>宋の文物をもたらした僧</u>もいた。11世
　　　　　　　　　　　　　　　　　　　　　　　　7)
紀後半から日宋間の商船往来は活発となり，12世紀に入って北方の金に圧迫されて宋が

南宋となってから日宋貿易はさかんになった。12世紀後半には，摂津の（　ハ　）が修
築され，宋商人の畿内招来がはかられた。

4．13世紀初めからモンゴルが急速に勢力を拡大し，ユーラシア大陸にまたがる大帝国を
築いた。フビライ＝ハンは，中国支配のために都を大都に移し，1271年に国号を元と定
め，日本にたびたび朝貢を求めた。鎌倉幕府の執権北条時宗がこれを拒否すると，二度
にわたり元軍が襲来した。この蒙古襲来への対応を機会に，鎌倉幕府は西国一帯に勢力
を強め，博多に（　ニ　）をおいて北条氏一門を派遣し，九州地方の政務や裁判，御家
人の指揮にあたらせた。

5．中国では1368年に元の支配が排され，明が建国された。日本と明との間では国交が開
かれ，1404年より日本国王が明皇帝に朝貢する形式で日明貿易（勘合貿易）が開始され
た。朝鮮半島では1392年に高麗が倒れて朝鮮が建国された。日本と朝鮮との間でも国交
が開かれ，日朝貿易がさかんにおこなわれた。1443年に朝鮮は対馬の宗氏と（　ホ　）
を結び，貿易に関する制度を定めて統制をはかった。日朝貿易は16世紀初めから衰退し
始め，日明貿易も16世紀半ばに途絶した。

6．16世紀後半に明の国力が弱まると，全国を統一した豊臣（羽柴）秀吉は明にかわって
日本が中心となる東アジア国際秩序の構築をめざした。秀吉は対馬の宗氏を通じて，朝
鮮に対して入貢と明へ出兵するための先導を求めた。朝鮮がこれを拒否すると，秀吉は
肥前の（　ヘ　）に城を築いて本陣をおき，二度にわたって大軍を派兵したが，抵抗す
る朝鮮軍と明の援軍に苦戦し，撤兵を余儀なくされた。秀吉の死後，17世紀初頭に征夷
大将軍となった徳川家康が，朝鮮や琉球王国を介して明との国交回復を目指し，明から
は拒否されたものの，朝鮮との講和は実現した。

A．文中の空所（イ）〜（ヘ）それぞれにあてはまる適当な語句をしるせ。

B．文中の下線部1）〜14）にそれぞれ対応する次の問1〜14に答えよ。
　1．これに関する次の文i・iiについて，その記述の正誤の組み合わせとして正しいの
　　はどれか。下記のa〜dから1つ選び，その記号をマークせよ。
　　i．これら諸国は『日本書紀』では任那と記されている
　　ii．鉄資源を有するこれら諸国とヤマト政権は密接な関係をもっていた

　　a．i：正　　ⅱ：正　　　　b．i：正　　ⅱ：誤

　　c．i：誤　　ⅱ：正　　　　d．i：誤　　ⅱ：誤

2．これに関連し，東漢氏の祖先とされる人物の名をしるせ。

3．これに関する次の文中の空所〈あ〉・〈い〉それぞれにあてはまる語句の組み合わせとして正しいのはどれか。下記のa～dから1つ選び，その記号をマークせよ。

　　　512年に加耶西部に対する＜　あ　＞の支配権が確立し，後にこれを失政とされた＜　い　＞の大伴金村が失脚した。

　　a．〈あ〉：百済　〈い〉：大臣　　　　b．〈あ〉：百済　〈い〉：大連

　　c．〈あ〉：新羅　〈い〉：大臣　　　　d．〈あ〉：新羅　〈い〉：大連

4．7世紀半ばにおけるこれに関する記述として正しくないのはどれか。次のa～dから1つ選び，その記号をマークせよ。

　a．大王宮を飛鳥から難波に移して政治改革を進めた

　b．軽皇子が即位して皇極天皇となり，皇太子の中大兄皇子に権力が集中した

　c．全国的な人民・田地の調査に基づく統一的税制の施行がめざされた

　d．地方行政組織である評が各地に設置された

5．この敗戦を受けて築かれた防衛施設の朝鮮式山城として正しくないのはどれか。次のa～dから1つ選び，その記号をマークせよ。

　　a．胆沢城　　　b．大野城　　　c．基肄城　　　d．高安城

6．738年に右大臣となって政権を握り，これらを重用した皇族出身の人物の名をしるせ。

7．これに関する次の文中の空所〈う〉・〈え〉それぞれにあてはまる語句の組み合わせとして正しいのはどれか。下記のa～dから1つ選び，その記号をマークせよ。

　　　10世紀末に入宋した＜　う　＞が持ち帰った釈迦如来像は，京都嵯峨の清凉寺に安置されて厚い信仰を獲得し，経典は＜　え　＞にささげられた。

　　a．〈う〉：成尋　〈え〉：摂関家　　　b．〈う〉：成尋　〈え〉：平氏

　　c．〈う〉：奝然　〈え〉：摂関家　　　d．〈う〉：奝然　〈え〉：平氏

8．これに関する記述として正しくないのはどれか。次のa～dから1つ選び，その記号をマークせよ。

　a．宋銭をはじめ陶磁器・香料・薬品・書籍などが輸入された

　b．平氏政権の経済的基盤に組み込まれ，平氏滅亡とともに衰退した

　c．輸入された香料・薬品類はもともと東南アジア産のものであった

　d．輸入された宋銭は農村にまで普及し，年貢の銭納もおこなわれた

9．これに関する次の出来事i～ⅲについて，もっとも古いものから年代順に並んでい

　る組み合わせはどれか。下記の a ～ f から 1 つ選び，その記号をマークせよ。

　 i ．高麗を服属させ，抵抗する三別抄の乱も鎮圧した

　 ii ．女真族の王朝である金を滅ぼした

　 iii ．臨安を占領して南宋を滅ぼした

　　 a ．i － ii － iii 　　　　b ．i － iii － ii 　　　　c ．ii － i － iii

　　 d ．ii － iii － i 　　　　e ．iii － i － ii 　　　　f ．iii － ii － i

10．この人物によって中国から招かれ，円覚寺を建立した禅僧の名をしるせ。

11．これに関する記述として正しいのはどれか。次の a ～ d から 1 つ選び，その記号を
　　マークせよ。

　　 a ．遣明船は室町幕府から交付された勘合の持参を義務づけられた

　　 b ．日本からは銀・銅のほか，俵物とよばれる海産物などが輸出された

　　 c ．貿易が開始された15世紀初めから，守護・国人・商人なども参加した

　　 d ．輸入された永楽通宝などの銅銭は，日本の貨幣流通に大きな影響を与えた

12．これに関する次の文 i ・ ii について，その記述の正誤の組み合わせとして正しいの
　　はどれか。下記の a ～ d から 1 つ選び，その記号をマークせよ。

　　 i ．輸出品には琉球貿易で入手した蘇木（染料）や香木（香料）が含まれていた

　　 ii ．輸入品には木綿など織物類のほか，高麗版大蔵経も含まれていた

　　　 a ．i ：正　　 ii ：正　　　　b ．i ：正　　 ii ：誤

　　　 c ．i ：誤　　 ii ：正　　　　d ．i ：誤　　 ii ：誤

13．これに関する次の出来事 i ～ iii について，もっとも古いものから年代順に並んでい
　　る組み合わせはどれか。下記の a ～ f から 1 つ選び，その記号をマークせよ。

　　 i ．諸大名に対し，その領国の検地帳（御前帳）と国絵図の提出を命じた

　　 ii ．諸大名のキリスト教入信を許可制にし，バテレン追放令を出した

　　 iii ．朝廷から関白に任じられた

　　　 a ．i － ii － iii 　　　　b ．i － iii － ii 　　　　c ．ii － i － iii

　　　 d ．ii － iii － i 　　　　e ．iii － i － ii 　　　　f ．iii － ii － i

14．この国王の代がわりごとに江戸に派遣された琉球使節の名称をしるせ。

Ⅱ. 次の文1〜3を読み，下記の設問A・Bに答えよ。解答は解答用紙の所定欄にしるせ。

1. 江戸時代の百姓は，村に居住し，夫婦を中心とする小規模な家族単位で農業生産に携わった。入会地や用水・橋などの管理，防災や治安維持などの仕事は共同でおこなわれ，その際にかかった経費は（　イ　）とよばれ，村民が共同で負担した。百姓の生活は，商品経済との関係も有したが，自給自足によるところが大きく，稲作をおこなっている場合でも，年貢として納められる米とは別に，自給用に雑穀の生産がおこなわれること
   1)
   もあった。稲藁などを利用しての縄ないもおこなわれ，縄や筵，俵を作るなど，その仕事は多様であった。

   　17世紀後半は，農業生産力の著しい増進が始まる時期となった。百姓が用いた農具の
   2)
   改良は目覚ましく進み，脱穀用の道具はもともと用いられていた（　ロ　）から千歯扱へと転換し，能率が飛躍的に向上した。

   　その一方で，天災などによる凶作は，百姓の生活を脅かした。なかでも知られているのが，冷害に加えて浅間山の大噴火によって深刻化した天明の飢饉である。天保期にも，
   3)
   天候不順による凶作が繰り返し発生し，そのため，全国各地で一揆や打ちこわしが発生した。困難に直面した百姓の生産と生活に対して，下総国香取郡長部村に居住した（　ハ　）が性学を説くなど，農村を復興させる試みが各地でおこなわれた。

2. 明治政府は，廃藩を機に財源の安定を目指して地券の発行と地租改正を実施し，同時
   4)
   に種々の殖産興業政策を進めた。しかし，西南戦争への支出の増加もあって，インフレーションに見舞われたため，大蔵卿となった松方正義はデフレ政策を実施し，これによって米価は下落し，多くの自作農が小作農に没落した。農村の窮乏は民権運動にも影響を与え急進的な運動も登場したため，政府は（　ニ　）条例を改正して，政党の支部設置などを禁止した。小作料の支払いに苦しむ農家は，農業生産以外で現金収入が得られる機会が必要となった。そこで，子女を工場で働かせるとともに，生糸の原料となる繭
   5)
   を供給する養蚕が，農家の副業として浸透していった。

   　繊維産業で働くことになった農家の子女は工女（女工）とよばれ，通勤ではなく，工場のある地域に出稼ぎに行かされる場合が多くみられた。工女の賃金は低く，工場では寄宿舎を設置して，工女たちに長時間労働を強いた。（　ホ　）省が調査・編集した工場労働者の状態に関する報告書である『職工事情』によれば，製糸工場での労働時間は，長い場合には17〜18時間に達することもあったという。工場内における衛生環境の問題も同時代から指摘されていて，工場で結核になった工女が帰省すると家族も罹患する事例が後を絶たなかった。

このような労働者の状況は，<u>第一次世界大戦</u>を境に徐々に変化し始めた。1912年に鈴
　6）
木文治らが中心となって発足した（　ヘ　）は，元々労働者の修養団体的性格が強かっ
たが，その後名称を変え，1921年には日本労働総同盟と改称した。1920年代において工
女たちがおこした争議として知られているのが，1927年に長野県諏訪郡平野村の山一林
組製糸工場で発生した争議である。工女たちは，労働組合加入の自由や福利・衛生施設
の充実，賃金引上げを会社側に嘆願したものの拒否されたため，ストライキに突入し，
日本労働総同盟がバックアップし，２週間以上にわたる大争議となった。しかし，工女
らが<u>映画見物</u>のため外出した際に会社側は寄宿舎を封鎖し，争議団は切り崩されていっ
　　7）
た。1920年代には労働運動，農民運動が盛んになったものの，労働組合法の制定は，第
二次世界大戦後にようやく実現されるなど，労働者が権利を獲得するためには，なお長
い道のりが必要であった。

3．敗戦後の労働改革と農地改革は，戦前のような<u>格差</u>の大きい社会を是正し，高度経済
　　　　　　　　　　　　　　　　　　　　　　　8）
　成長期に個人消費水準を向上させる前提を作った。しかし，それは，単に戦後改革のみ
　によって達成されたのではない。

　　日本の労働運動は，敗戦直後においてかつてない高揚をみせた。<u>冷戦の開始を契機に，</u>
<u>アメリカは1948年以後対日占領政策を転換した</u>。このようななかで，日本労働組合総評
　　　　　　　　　　　　　　　　　9）
　議会（総評）もＧＨＱのあと押しで結成されたが，総評は，その後1950年代前半には政
　治闘争重視の路線をとり，1955年以後は「（　ト　）」方式とよばれる賃上げ闘争を実
　施した。このことが労働者の賃金上昇に重要な意味を持った。農村においても，農地改
　革後，自作農となった農民たちが担い手となって農業生産は向上し，米は1955年には前
　年比３割増の豊作を記録し，農家所得は向上していった。

　　他方で，高度経済成長は，村落部から都市部への人口移動を促した。地方の新規学卒
　者が「就職列車」に乗って大都市の中小企業や商店などに就職することは（　チ　）就
　職とよばれ，中卒就職者は「金の卵」とよばれた。大企業と中小企業，さらには男女間
　での賃金格差は存在したものの，全体として所得は向上し，人々の教育への関心も高ま
　った。

　　このように，戦後改革と高度経済成長は，戦前と比較して所得格差の小さな社会を形
　成した。しかし，旧植民地の人々からみれば，そのみえ方は異なってくる。女性参政権
　を認めた1945年12月の（　リ　）法改正により選挙権をうばわれた日本本国に居住する
　台湾人や朝鮮人は，サンフランシスコ平和条約の発効とともに日本国籍を喪失した。こ
　うした人々にとってみれば，戦後改革は，新たな生きることの問題をうみだす過程でも
　あった。

A．文中の空所（イ）～（リ）それぞれにあてはまる適当な語句をしるせ。

B．文中の下線部1）～9）にそれぞれ対応する次の問1～9に答えよ。

1．これに関する記述として正しいのはどれか。次のa～dから1つ選び，その記号を
　マークせよ。

　　a．相給の場合には，村の自治に依存せずに，領主が直接百姓から年貢を徴収した

　　b．定免法は，その年の収穫の豊凶に応じて年貢率を決める方法である

　　c．本途物成は，田畑や屋敷地にかかる年貢のことである

　　d．本百姓だけでなく水呑百姓にも高が定められ，それに応じて年貢を負担した

2．この時期に関する記述として正しいのはどれか。次のa～dから1つ選び，その記
　号をマークせよ。

　　a．紫衣事件を機に，後水尾天皇が幕府に反発して突然譲位した

　　b．将軍職の地位と権威を高めるために，閑院宮家を創設した

　　c．中断していた大嘗会が，221年ぶりに再興された

　　d．奈良時代以来の女性天皇である，明正天皇が即位した

3．この時期におこなわれた幕府の政策に関する記述として正しいのはどれか。次のa
　～dから1つ選び，その記号をマークせよ。

　　a．将軍権威の強化のため，諸大名を動員して将軍家慶の日光社参を実行した

　　b．対外的危機に備えるため，江戸や長崎の周辺を幕府直轄地とする上知令を出した

　　c．百姓の出稼ぎ禁止を解除し，江戸への人々の流入を促す法令を発した

　　d．風俗取り締まりのため，『修紫田舎源氏』の著者である為永春水を処罰した

4．これについて，改正した内容を50字以内で説明せよ。

5．これに関する記述として正しいのはどれか。次のa～dから1つ選び，その記号を
　マークせよ。

　　a．アメリカの先進技術を導入した富岡製糸場において，工女の養成が図られた

　　b．1886年に，甲府の雨宮製糸工場で工女によるストライキが発生した

　　c．1890年代後半に，座繰製糸の生産量が器械製糸を上回り生産の中心となった

　　d．日露戦争の前に，輸出額第一位の製品は生糸から綿糸に入れかわった

6．この間に日本がおこなった次の出来事a～dのうち，もっとも古いものを解答欄i
　に，次に古いものをiiに，以下同じようにivまで年代順にマークせよ。

　　a．石井・ランシング協定が結ばれた

　　b．山東省の中心都市である青島の占領を開始した

　　c．第4次日露協約を締結した

　　d．中国の袁世凱政府に，二十一か条の要求をつきつけた

7．これに関連して，第二次世界大戦後に国際的に注目された作品「雨月物語」の監督名として正しいのはどれか。次のa〜dから1つ選び，その記号をマークせよ。

　　a．小津安二郎　　　b．溝口健二　　　c．宮崎駿　　　d．山田洋次

8．これに関連して，「聖域なき構造改革」をかかげ郵政民営化など小さな政府をめざす財政改革を推進し，非正規労働者数の増加をもたらすことになる労働者派遣法の改正をおこなった内閣総理大臣の名前をしるせ。

9．これに関連して，以下の史料に関する人物（〈あ〉は演説をした人物，〈い〉は本国政府宛報告書原案を作成した人物）の組み合わせとして正しいのはどれか。下記のa〜dから1つ選び，その記号をマークせよ。（史料は一部改変してある）

〈あ〉（1948年1月6日）

　私は諸君に，われわれの決定は現実主義を以て，かつ日本をして再び他国に対し理由なき侵略的な残酷な戦争を行わせないようにするため出来るだけのことをする固い決意を以てなされるであろう，ということを保証できる。われわれは，自立すると同時に，今後極東に生ずべき他の全体主義的戦争の脅威に対する制止役として役立つほど充分に強くかつ充分に安定した自足的民主政治を日本に建設するという，同様に確固たる目的を固守するものである。（『昭和財政史』第17巻資料(1)より）

〈い〉（1949年3月22日）

　すでに送付済みの電信では，①政府債務を増加させずに，一般会計・特別会計を通じて総合予算を均衡させること，②政府支出は，現実的な歳入評価の限度内でおこなうこと，③予算が均衡化しても支出の性質によってはインフレーショナリーであることに注意することを勧告した旨を報告した。（三和良一ほか編『近現代日本経済史要覧　補訂版』より）

　　a．〈あ〉：ダレス　　　〈い〉：シャウプ

　　b．〈あ〉：ダレス　　　〈い〉：ドッジ

　　c．〈あ〉：ロイヤル　　〈い〉：シャウプ

　　d．〈あ〉：ロイヤル　　〈い〉：ドッジ

2 月 13 日実施分　　解答 日本史

I　**解答**　A．イ．磐井　ロ．藤原広嗣　ハ．大輪田泊
ニ．鎮西探題　ホ．癸亥約条〔嘉吉条約〕　ヘ．名護屋
B．1－a　2．阿知使主　3－b　4－b　5－a　6－橘諸兄
7－c　8－b　9－c　10．無学祖元　11－d　12－a　13－f
14．謝恩使

◀解　説▶

≪古代～近世の日中・日朝関係史≫

A．ハ．大輪田泊は摂津国にある要港。平清盛が日宋貿易の港としてその拡大修築にあたった。摂津国は清盛が福原京を築いたことでも知られる。

ホ．癸亥約条（嘉吉条約）は 1443 年に朝鮮と対馬当主宗氏とのあいだに結ばれた協定。これにより，宗氏からの歳遣船は年間 50 隻に制限された。

ヘ．朝鮮出兵の際に，豊臣秀吉は肥前の名護屋に城を築いて本陣を置いた。名古屋としないように注意したい。

B．3．bが正解。512 年，大連大伴金村が百済の求めに応じて加耶西部を割譲した。これにより加耶西部に対する百済の支配権が確立した。

4．b．誤文。蘇我本宗家が滅亡した乙巳の変の直後，皇極天皇は弟の軽皇子に譲位した。軽皇子は孝徳天皇として即位し，皇太子には中大兄皇子が就任した。

5．aが正解。胆沢城は 802 年に坂上田村麻呂が築いた城柵。蝦夷の拠点として，多賀城から鎮守府が移された。663 年に起きた白村江の戦いの敗戦と関わりはない。

7．日本人の渡航は律によって禁じられていたが，巡礼を目的とする僧には渡航が許可される例もあった。奝然は宋に渡り，彼が持ち帰った釈迦如来像は，京都嵯峨の清凉寺に安置されて厚い信仰を獲得したとされる。経典が摂関家にささげられたことはやや判断に迷うが，「10 世紀末」という時期を考えれば，政権は摂関家が握っていたと判断できただろう。

8．b．誤文。日宋貿易は平氏滅亡後も寺院や貴族のあいだで盛んに行われ，鎌倉時代には日本の貿易船も大陸に赴くようになった。

9．ii．モンゴルが金を滅ぼした（1234 年）→ i．モンゴル（元）が三別抄の乱も鎮圧した（1273 年）→ iii．モンゴル（元）が南宋を滅ぼした（1279 年）の順となる。

11．d．正文。a．誤文。勘合は室町幕府ではなく，明が交付した。b．誤文。「日本からは銀・銅のほか，俵物とよばれる海産物などが輸出された」のは江戸時代の長崎貿易。日明貿易では，銅・硫黄・刀剣などが輸出された。c．誤文。日明貿易は足利義満（もと 3 代将軍）が開始し，4 代将軍足利義持が中断，6 代将軍足利義教が再開するなど，当初は幕府が実権を握った。

13．iii．（羽柴）秀吉が朝廷から関白に任じられた（1585 年）→ ii．（豊臣）秀吉がバテレン追放令を出した（1587 年）→ i．（豊臣）秀吉が検地帳（御前帳）と国絵図の提出を命じた（1591 年）の順となる。

II　**解答**　A．イ．村入用　ロ．扱箸　ハ．大原幽学　ニ．集会
　　　　　　　　ホ．農商務　ヘ．友愛会　ト．春闘　チ．集団
リ．衆議院議員選挙
B．1 − c　2 − c　3 − a
4．課税基準を収穫高から地価に変更し，物納を金納に改めて地価の 3 ％を税率とし，地券所有者を納税者とした。（50 字以内）
5 − b　6．i − b　ii − d　iii − c　iv − a　7 − b　8．小泉純一郎
9 − d

━━━━◀解　説▶━━━━

≪近世〜現代の農民と労働者≫
A．ロ．江戸時代当初から用いられていた脱穀具。箸状の 2 本の竹棒に穂を挟んで利用した。元禄年間に千歯扱が出現すると，しだいに消滅した。
ハ．やや難。大原幽学は，幕末の農民指導者。「下総」「性学」から判断するのはやや難しい。
ニ．1882 年，政府は集会条例を改正して，政党の支部設置などを禁止した。この措置が「民権運動」に対してとられたものであること，松方財政が行われた時期であることを問題文から読み取って，集会条例を想起したい。集会条例は自由民権運動に対抗するために 1880 年に公布された，政治集会・政治結社を取り締まるための法令。

ト．「春闘」方式とは，日本労働組合総評議会を指導部とし，各産業の労働組合がいっせいに賃上げを要求する方式。1955年に始まり，しだいに定着していった。

チ．高度経済成長のさなか，中学を卒業したばかりの若者が集団で都市に就職する，集団就職がみられた。

B．1．c．正文。a．誤文。江戸時代の村は，相給の場合であったとしても村請制にもとづいて自治を行った。相給とは，一つの村を複数の領主が分割支配していること。b．誤文。定免法とは，豊凶の区別なく，過去3〜10年間程度の年貢高を基準として税率を一定にする方法。d．誤文。水呑百姓は検地帳に記載されるべき田畑を持たず，無高とされた。水呑百姓は無高であるため，年貢の負担対象とはならなかった。

2．c．正文。大嘗会は天皇が即位後に初めて新穀を神々に供える儀式である。1467年に始まった応仁の乱で京都が焼失したことを背景に，1466年以降中断され，徳川綱吉の時代の1687年に221年ぶりに再興された。a・b・d．誤文。aの紫衣事件は1627年，bの閑院宮家の創設は1710年，dの明正天皇の即位は1629年であるため，「17世紀後半の時期に関する記述」としては誤り。

3．a．正文。b．誤文。上知令は，「江戸や長崎」ではなく，江戸や大坂の周辺を幕府の直轄地とするために出された。c．誤文。天保期には人返しの法が出され，百姓の出稼ぎや江戸への人々の流入が禁止された。d．誤文。『偐紫田舎源氏』は合巻作家柳亭種彦の著作。人情本作家である為永春水は『春色梅児誉美』の著作で知られる人物。ともに天保の改革で処罰された。

4．地租改正について，改正した内容を説明する問題。50字と指定の字数がやや少ないが，工夫して改正点をなるべく多く論じたい。①課税基準が収穫高から地価に変更されたこと，②納税方法が物納から金納に改められたこと，③納税額が地価の3％となったこと，④納税者を地券所有者にしたこと，が述べられれば良いだろう。

5．b．正文。a．誤文。富岡製糸場では「アメリカ」ではなく，フランスの先進技術が導入された。c．誤文。「座繰製糸」と「器械製糸」を逆に，「1890年代後半」を「1890年代半ば」とすると，正文となる。1894年頃，器械製糸の生産量が座繰製糸の生産量を上回った。d．誤文。一時，

茶にその座を渡したこともあったが，幕末の開港以降，1930 年頃まで生糸は輸出品の第一位であった。日露戦争が勃発したのは 1904 年のこと。

6．b．日本が青島の占領を開始した（1914 年）→ d．中国の袁世凱政府に，二十一か条の要求をつきつけた（1915 年）→ c．日本が第 4 次日露協約を締結した（1916 年）→ a．石井・ランシング協定が結ばれた（1917年）の順となる。

9．「1948 年」や「今後極東に生ずべき他の全体主義的戦争の脅威に対する制止役として役立つ……日本に建設するという，同様に確固たる目的を固守」などから〈あ〉はロイヤルだと判断したい。アメリカ陸軍長官ロイヤルはこの演説で，「日本の経済自立を促し，共産主義の防壁にせよ」という趣旨の発言をした。ダレスは講和特使として 1951 年に来日した人物で，サンフランシスコ平和条約と日米安全保障条約の 2 条約締結に尽力した。また，「一般会計・特別会計を通じて総合予算を均衡させること」などから〈い〉はドッジと判断したい。ドッジは日本のインフレ対策として，赤字を許さない超均衡予算を作成した。シャウプは来日して直接税中心の税制改革を実施した人物。

❖講　評

　2022 年度は，2021 年度同様，大問数が 2 題，小問数が 38 問，試験時間が 60 分であった。また，2021 年度同様，写真やグラフを用いた図版問題は出題されなかったが，他日程でも出題されていた史料問題がみられた。論述問題は，引き続き出題されている。

　Ⅰ　古代～近世の日中・日朝関係史が出題された。標準的な問題で構成されていたが，問 9・問 13 の年代配列問題がやや詳細な知識であり，差がついたと思われる。

　Ⅱ　近世～現代の農民と労働者を題材とする出題である。定番となりつつある論述問題は地租改正の改正内容について問われた。論じるべきものが想起しやすく，容易であったと思われる。

2月12日実施分　　　問題　世界史

（60分）

Ⅰ．次の文を読み，下記の設問A～Cに答えよ。解答は解答用紙の所定欄にしるせ。

　世界史の学習者にとって，似通った人名を正しく覚えるのは困難な作業の1つである。たとえばローマ時代であれば，アントニウス，アントニヌス＝ピウス，マルクス＝アウレリウス＝アントニヌスの3人がややこしい。アントニウスはローマの軍人で，カエサルの部下として活躍し，後に第2回三頭政治を実現したが，やがてオクタウィアヌスと対立し敗れた。アントニヌス＝ピウスとマルクス＝アウレリウス＝アントニヌスはどちらも五賢帝に数えられているローマ皇帝で，彼らの治世のもとローマ帝国は繁栄を極めた。なお，後漢の時代の日南郡には（　イ　）の使者と称する者が海路で到来した記録が残されているが，この（　イ　）はマルクス＝アウレリウス＝アントニヌスのことだとする説がある。

　その後漢の初代皇帝といえば光武帝だが，音読したときに混同しそうな人物に孝文帝と洪武帝がいる。光武帝はもともとの名前を（　ロ　）と言い，漢朝を再興して洛陽を首都とした。孝文帝は北魏の皇帝で，485年には一定の基準で農民に土地を与える（　ハ　）制を施行している。洪武帝は，もとは白蓮教徒による（　ニ　）の乱の指導者の1人で，やがて明の初代皇帝となり金陵に都を定めた。なお金陵はかつて三国時代には呉の都が置かれていた都市であり，その当時は（　ホ　）と呼ばれていた。

　イスラーム世界に目を向けると，名前に「イブン」（～の息子，という意味）を持つ人物が多く登場する。たとえば11世紀に『医学典範』を著したのはイブン＝（　ヘ　），18世紀半ばにワッハーブ王国を建設したのはイブン＝（　ト　）＝ワッハーブである。

　同じ名前に「○世」が付く場合も，しばしば区別が大変だ。特に12～15世紀頃にかけてのイギリスでは，ヘンリやエドワードが複数の王朝に登場するため気をつけなければならない。たとえばヘンリ2世が1154年に開いたのは＜　あ　＞朝だが，この王朝には他にもエドワード2世やエドワード3世がいる。やがてバラ戦争が始まると＜　い　＞家と＜　う　＞家が争ったが，前者ではエドワード4世・5世が，また後者ではヘンリ4世・5世・6世が王位に就いている。この内戦を収束させて＜　え　＞朝を開いたのがヘンリ7世である。

　　カール（シャルル／カルロス）についても見てみよう。この名前をもつ人物として，古
くはカロリング家の宮宰カール＝マルテルがいるが，より有名なのは孫の<u>カール大帝</u>（シャ
ルルマーニュ）の方だろう。そのカール大帝が没するとフランク王国は 3 つに分裂するが，3)
そのうち西フランク王国で843年に即位したのが禿頭王ことシャルル（カール） 2 世であ
る。

　　もう少し時代を下ると，14世紀の神聖ローマ皇帝にカール 4 世がいる。彼は金印勅書を
発布して神聖ローマ皇帝の選挙手続きを定め，皇帝選出権を<u>七選帝侯</u>に認めた。また16
世紀に入ると，スペイン王カルロス 1 世が神聖ローマ皇帝に選出され，カール 5 世として4)
即位している。彼はフランス王と<u>イタリア戦争</u>で激しく戦った他，マルティン＝ルターをヴ
ォルムス帝国議会に呼び出し帝国追放処分にしたことでも知られている。同じく16世紀の5)
フランス王シャルル 9 世は，その治世下で<u>ユグノー戦争</u>が勃発したことにより，今日でも
教科書に名を残している。6)

　　17世紀末に即位したスウェーデンの王カール12世は，ロシアの<u>ピョートル大帝</u>と北方
戦争を戦い，最終的に敗れた。19世紀，復古王政下のフランスに登場したシャルル10世7)
は貴族を保護する反動政治を行いつつ，国民の不満をそらすためアルジェリアへの遠征を
実行したが，結局七月革命によって亡命させられる羽目になった。

　　人名にまつわるこうした紛らわしさは学習者にとって確かに厄介な問題である。ただ，
歴史上の人々はみな，それぞれの生涯を精一杯に生き抜いてきたはずだ。一人ひとりの人
生に思いを馳せつつ，しっかりとその名を覚えたいものである。

A．文中の空所（イ）～（ト）それぞれにあてはまる適当な語句をしるせ。

B．文中の空所〈あ〉～〈え〉それぞれにあてはまる適当な語句を，次の a ～ h から 1 つ
　　ずつ選び，その記号をマークせよ。
　　a．ウィンザー　　　b．ステュアート　　　c．テューダー　　　d．ノルマン
　　e．ハノーヴァー　　f．プランタジネット　g．ヨーク　　　　　h．ランカスター

C．文中の下線部 1 ）～ 7 ）にそれぞれ対応する次の問 1 ～ 7 に答えよ。
　　1．このような形で政治の実権を握ったのは，アントニウス，オクタウィアヌスと，も
　　　う 1 人は誰か。その名をしるせ。
　　2．この人物を描いた肖像画はどれか。次の a ～ d から 1 つ選び，その記号をマークせ

よ。あてはまるものがない場合は、eをマークせよ。

a.

b.

c.

d.

3．この人物が行ったことの説明として正しくないのはどれか。次のa～dから1つ選び、その記号をマークせよ。すべて正しい場合は、eをマークせよ。

　a．イングランドの修道士アルクインを宮廷に招いた

　b．地方の貴族を伯に任命して現地の行政を委ねた

　c．東方から進出してきたアヴァール人を撃退した

　d．ランゴバルド王国を征服しラヴェンナ地方をローマ教皇に寄進した

4．この7名のなかには3名の大司教が含まれている。これらの大司教座が置かれたのはケルン、マインツと、もう1つはどこか。その名をしるせ。

5．次に示す図Aはこの戦争の様子を描いたタペストリーの一部だが、当時の戦争においては軍事革命と呼ばれる変化が起こっていた。これに先立つ百年戦争の様子を描いたものとされる図B（15世紀の資料）も参考にしながら、軍事上のどのような変化が生じたのか、1行で説明せよ。

図A

図B

6.この戦争のなかでサンバルテルミの虐殺が起きたが,シャルル9世の摂政で,この
　虐殺事件を画策したとされる人物は誰か。その名をしるせ。

7.この人物の命を受けてカムチャツカ半島やアラスカ方面に派遣された探検隊を率い
　た,デンマーク出身の人物は誰か。その名をしるせ。

Ⅱ. 次の文を読み，下記の設問Ａ・Ｂに答えよ。解答は解答用紙の所定欄にしるせ。

　「一人を殺せば犯罪者，百万人を殺せば英雄」とは，チャップリンの映画『殺人狂時代』
の有名な台詞である。それでは，政治指導者による大規模な殺戮や残虐行為を違法として，
通常の犯罪と同様に裁く手段があれば，世界は平和に向かうであろうか。

　実際，19世紀末のアメリカには，州の間の問題を軍事力ではなく法で裁く連邦最高裁判
所をモデルに，「世界最高裁」を設置して平和を実現する構想が現れた。こうした仲裁裁判
の提唱者たちは，将来的には全ての国際紛争が裁判で解決されるようになると楽観してい
たという。

　1899年，第1回ハーグ万国平和会議が開催された。会議はハーグ常設仲裁裁判所の設置
を決定した。しかし，同裁判所が役割を果たしたのは国家的な重大事件とは言えない問題
に限られ，「世界最高裁」にはほど遠いものであった。

　国際法廷には判決を執行する強制力が必要であると考えたアンドリュー＝カーネギーは，
日清戦争後の三国干渉や，義和団事件への八カ国連合軍による軍事介入を，「文明国」によ
る共同行動として歓迎した。これに対し，当時の平和主義者の多数派は，「文明国」同士の
間では，国際紛争も強制力によるのではなく法で裁けるようになると考えていた。

　そうした楽観論は，第一次世界大戦の勃発によって大きな打撃を受けた。その反省から
国際連盟が設立された。連盟にはハーグ常設国際司法裁判所も設置された。アメリカは国
際連盟に加入しなかったが，ハーディング大統領はこの裁判所へのアメリカの加入を全面
的に支持した。

　アメリカの平和主義者の中には，国際法で戦争を違法とすることにより，軍事力に頼ら
ずに平和を実現しようとする運動が存在した。1920年代には，「戦争違法化運動」は多く
の賛同者を集めて最盛期を迎え，運動は1928年の不戦条約に結実した。しかし，1930年
代に入ると，満州事変の発生やナチスの対外拡張などにより，強制力を否定する戦争違法
化では平和を実現できないとの見方が広がった。

　第二次世界大戦後，ドイツの都市である（　イ　）に設置された国際軍事裁判所はナチ
ス＝ドイツの指導者を，東京の極東国際軍事裁判所は日本の指導者を，新たに設けられた「平
和に対する罪」や「（　ロ　）に対する罪」に問い，多くの者が死刑判決を受けた。冷戦終
結後には，コソヴォ紛争当時ユーゴスラヴィアの大統領であった（　ハ　）が，アルバニ
ア系住民の大量虐殺の罪で逮捕され，国際戦犯裁判にかけられた。

　しかし，こうした裁判の強制力には限界もある。スーダンのバシル大統領には，同国西
部の（　ニ　）地方で2003年に起こった民族対立での虐殺に関して国際刑事裁判所から逮
捕状が出されたが，2019年のクーデタで失脚するまで大統領の座に居座り続けた。赤色ク

メール（クメール＝ルージュ）を率いた（　ホ　）が指導する民主カンプチアでは，閉鎖的な共産主義社会の建設の強行に反対した者の大量虐殺が発生した。この罪を裁くカンボジア特別法廷は，カンボジア政府の介入に悩まされた。現に権力を持つ勢力に属する者の過去の罪を裁くことは容易ではない。2019年，ガンビアはロヒンギャ問題をめぐりミャンマー を国際司法裁判所に訴えたが，問題の解決につながるかは楽観できない。

12)

A．文中の空所(イ)〜(ホ)それぞれにあてはまる適当な語句をしるせ。

B．文中の下線部 1)〜12)にそれぞれ対応する次の問 1 〜12に答えよ。

　1．この人物が主演した，工業化の進行が人間を機械の一部にしかねないことを風刺した映画の名をしるせ。

　2．これの設置を定めた合衆国憲法の制定会議が開かれた都市はどこか。地図上のa〜dから 1 つ選び，その記号をマークせよ。

　3．この会議に密使を送った韓国皇帝の名をしるせ。

　4．この人物は鉄鋼王と呼ばれた。同じ時期，トラスト結成によりアメリカの石油業の代表的企業家となった人物の名をしるせ。

　5．この代償としてロシアは清から東清鉄道の敷設権を得たが，日露戦争後のポーツマス条約で日本は東清鉄道南満洲支線を得た。このとき日本が得た支線が通っていない

都市を次のa～dから1つ選び，その記号をマークせよ。すべて通っている場合は，eをマークせよ。

　　a．大連　　　　b．長春　　　　c．天津　　　　d．奉天

6．これのきっかけの1つはバルカン半島の危機であった。バルカン同盟を結成して第一次バルカン戦争を戦った4カ国のうち，後に他の3カ国と対立して第二次バルカン戦争で戦った国を次のa～dから1つ選び，その記号をマークせよ。あてはまるものがない場合は，eをマークせよ。

　　a．ギリシア　　b．セルビア　　　c．ブルガリア　　　d．モンテネグロ

7．この人物が開催を提唱したワシントン会議で結ばれた四カ国条約の締約国に含まれない国を次のa～dから1つ選び，その記号をマークせよ。すべて含まれる場合は，eをマークせよ。

　　a．イギリス　　b．オランダ　　　c．日本　　　　d．フランス

8．アメリカの国務長官とともにこれを提唱したフランス外相の名をしるせ。

9．これを機に日本は満州国を建国した。日本に担ぎ出された溥儀が満州国建国当初に就いた地位の名をしるせ。

10．これに関連する次の出来事a～dのうち，もっとも古いものを解答欄のiに，次に古いものをiiに，以下同じようにivまで年代順にマークせよ。

　　a．オーストリアの併合　　　　　b．ザール地方の編入
　　c．チェコスロヴァキアの解体　　d．ポーランド侵攻

11．冷戦初期における東西両陣営の内部協力強化に関連する次の出来事a～dのうち，もっとも古いものを解答欄のiに，次に古いものをiiに，以下同じようにivまで年代順にマークせよ。

　　a．北大西洋条約機構の創設　　　b．経済相互援助会議の創設
　　c．西ヨーロッパ連合条約の締結　d．ワルシャワ条約機構の発足

12．この国の「建国の父」とされる将軍の娘で，1988年以来民主化運動のリーダーを務める人物の名をしるせ。

2月12日実施分　　解答　世界史

Ⅰ **解答** A．イ．大秦王安敦　ロ．劉秀　ハ．均田　ニ．紅巾
ホ．建業　ヘ．シーナー　ト．アブドゥル
B．あ—f　い—g　う—h　え—c
C．1．レピドゥス　2—a　3—d　4．トリーア
5．騎士が中心の戦法から，大砲などの火器を用いた戦法に変化し，騎士
階級は没落した。
6．カトリーヌ=ド=メディシス　7．ベーリング

◀解　説▶

≪世界史における似通った人名≫

A．イ．後漢の歴史書である『後漢書』には，166年に大秦王安敦の使者
が日南郡に渡来したという記録が残っている。

ハ．北魏の孝文帝は，戸籍や税制の整備を目的とした三長制や一定の基準
で農民に土地を与える均田制を施行した。

ホ．金陵は，三国時代には建業，東晋〜南朝時代には建康と呼ばれていた。

ヘ．イブン=シーナーは，ラテン語ではアヴィケンナという名前で知られ
ている医学者である。彼の著作の『医学典範』はラテン語にも翻訳され，
ヨーロッパの医学の基本書とされた。

B．あ〜え．ランカスター家のヘンリ4世は，プランタジネット朝最後の
王リチャード2世を退位させ，即位した（ランカスター朝：1399〜1461
年）。しかし，同じく王位継承権を主張していたヨーク家と王位をめぐっ
て争い（バラ戦争：1455〜85年），ヨーク家のエドワード4世がランカス
ター家に勝利し王位についた（ヨーク朝：1461〜85年）。最終的に，ラン
カスター派テューダー家のヘンリがヨーク家を倒し，ヘンリ7世としてテ
ューダー朝を開いた（1485年）。

C．1．第1回三頭政治では，カエサル・ポンペイウス・クラッススによ
る政治同盟が結ばれたが，第2回三頭政治では，アントニウス・オクタウ
ィアヌス・レピドゥスによる共同統治が行われた。

2．b．誤り。隋の第2代皇帝の煬帝である。c．誤り。清の第5代皇帝

の雍正帝である。d．誤り。モンゴル帝国の第5代ハーン，元の初代皇帝
フビライである。

3．d．誤文。ランゴバルド王国を征服し，ラヴェンナ地方をローマ教皇
に寄進したのはフランク王のピピン（小ピピン）である。

4．七選帝侯はマインツ・ケルン・トリーアの大司教と，ファルツ・ザク
セン・ブランデンブルク・ベーメンの世俗諸侯によって構成されている。

5．百年戦争では騎士を中心とした戦いが行われていたが，イタリア戦争
では火薬の普及に伴って，大砲や鉄砲などの火器を用いる戦術に変化した。
そのため，騎士階級が没落し，鉄砲を持った歩兵部隊が活躍するようにな
った。このような，戦争の戦術・担い手の変化を軍事革命という。

6．カトリーヌ=ド=メディシスはアンリ2世の王妃となり，王の死後，息
子のシャルル9世の摂政として，フランスを統治した。

7．ベーリングはピョートル1世の命令を受け，カムチャッカ半島やアラ
スカに派遣された。また，ベーリングが1728年にアメリカ大陸とユーラ
シア大陸を隔てる海峡を発見したため，その名前がつけられている。

II　**解答**　A．イ．ニュルンベルク　ロ．人道
　　　　　　　ハ．ミロシェヴィッチ　ニ．ダルフール
ホ．ポル=ポト
B．1．モダン=タイムス　2－c　3．高宗　4．ロックフェラー
5－c　6－c　7－b　8．ブリアン　9．執政
10．i－b　ii－a　iii－c　iv－d
11．i－c　ii－b　iii－a　iv－d
12．アウンサンスーチー

◀解　説▶

≪国際裁判の歴史≫
A．イ．1945～46年にニュルンベルクで実施された，連合国による国際
軍事裁判において，ナチス=ドイツの戦争指導者の処刑が命じられた。
ロ．難問。「平和に対する罪」や「人道に対する罪」は，ニュルンベルク
裁判や極東国際軍事裁判（東京裁判）に際し設けられた戦争犯罪である。
ハ．難問。ミロシェヴィッチは，コソヴォ自治州での独立をめぐる問題で，
アルバニア系住民に対し激しい弾圧を行った。これを受け，1999年には

NATO 軍がセルビア共和国への空爆を行った。

ニ．難問。スーダン共和国では，政府が支援するアラブ系住民と反政府勢力の非アラブ系住民との対立が激化して，2003 年にダルフール紛争が起こった。

B．1．「喜劇王」とも呼ばれるチャップリンは，『モダン=タイムス』で機械文明に翻弄される人間の姿を風刺した。

2．合衆国憲法の制定会議は，c のフィラデルフィアで行われた。a はボストン，b はニューヨーク，d はワシントン。

3．韓国皇帝の高宗がオランダのハーグで開かれた第 2 回万国平和会議に密使を派遣し，日本による韓国支配の不当性を訴えようとした（ハーグ密使事件）。

5．やや難。c の天津が正答。東清鉄道は中国東北地方に建設された鉄道である。日本は，長春以南の奉天や大連，旅順までの南満州鉄道の利権を獲得した。

6．セルビア・モンテネグロ・ギリシア・ブルガリアによって構成されるバルカン同盟の国々がオスマン帝国と戦ったのが，第 1 次バルカン戦争である。同盟国側が勝利したものの，オスマン帝国から獲得した領土の配分で，ブルガリアとセルビア・ギリシアなどが対立し第 2 次バルカン戦争が起こった。

7．ワシントン会議で成立した四カ国条約は，日本・イギリス・アメリカ・フランスによって調印された。

8．不戦条約としても知られるブリアン=ケロッグ条約は，アメリカの国務長官であったケロッグとフランス外相であったブリアンによって提唱された。

9．やや難。1932 年に，溥儀を執政として満州国の建国が宣言された。その後，1934 年には満州国の皇帝として即位した。

10．ナチスは 1935 年にザール地方を編入（b）し，国民から支持を受けるようになった。続いてナチスは，1938 年にオーストリアの併合（a）を実現した後，1939 年の 3 月にチェコスロヴァキアを解体（c）し，1939 年の 9 月にポーランドへの侵攻（d）を開始した。

11．東西冷戦が深刻化する状況の中で，イギリス・フランス・ベネルクス 3 国は西ヨーロッパ連合条約（ブリュッセル条約）を 1948 年に締結した

（c）。それに対し，1949年1月に東側諸国は経済相互援助会議（コメコン）を創設した（b）。そして，西ヨーロッパ連合条約に加盟していた国々に，アメリカやカナダなどが加わり，集団防衛機構として1949年4月に北大西洋条約機構（NATO）が成立し（a），NATOに対抗する軍事機構として，ソ連が1955年にワルシャワ条約機構を結成した（d）。

❖講　評

　Ⅰ　世界史における似通った人名をテーマに，古代から近代まで幅広い時代が問われた。政治史・外交史からの出題が多いが，文化史に関する設問もみられた。地域としては主にヨーロッパからの出題であるが，一部の設問では中国史やイスラーム史に関する問題も出題された。全体として標準レベルの設問が多いが，視覚資料を用いたCの2の洪武帝の肖像画を選択する問題や，Cの5の軍事革命に関する論述問題なども出題されており，日頃から教科書や図説で人物の肖像画や写真などは意識して確認するとともに，歴史事項の背景や結果などを書き出し，文章化する力を身につけておきたい。

　Ⅱ　国際裁判の歴史をテーマに，近現代の政治史・外交史が問われた。ヨーロッパやアジア，アメリカ，アフリカなど様々な地域からの設問が出題された。教科書レベルの設問が多いが，Aの人道に対する罪やミロシェヴィッチ，ダルフール，Bの5の南満州鉄道支線，9の執政など教科書レベルの学習では対応が難しい問題が含まれている。また，Bの2では合衆国憲法の制定会議が開かれた場所を問う地図問題が，10と11では配列法の問題が出題された。特に10は第二次世界大戦前のドイツに関して同年に起こった出来事の順序を判断する必要があるなど，年代の学習についてもしっかりと準備しておきたい。

2月13日実施分　　　問題　世界史

（60分）

Ⅰ．次の文を読み，文中の下線部1）〜17）にそれぞれ対応する下記の設問1〜17に答えよ。
解答は解答用紙の所定欄にしるせ。

　今から150年前，岩倉具視を全権大使とする使節団が欧米諸国へと派遣された。使節団
は，岩倉のほか木戸孝允，大久保利通，伊藤博文らを副使とし，随行員や留学生など総勢
　　　　　　　　　　　　　　　　　　　1)
107名で構成された。留学生のなかには中江兆民や津田梅子も含まれる。使節団の主な目
　　　　　　　　　　　　　　　　　2)　　　　　3)
的は，幕末に条約を結んだ各国を訪問し，①新政府の立場から天皇の国書を手渡すこと，
②不平等条約の改正に向けた予備交渉をおこなうこと，③西洋諸国の制度・文物の調査を
おこなうことにあった。

　1871年12月，横浜港を出発した使節団は太平洋を渡ってまず初めにアメリカを訪れた。
西海岸のサンフランシスコから陸路を鉄道で移動した一行は，首都ワシントンでグラント
　　　　4)　　　　　　　　　　　　　　　　　　　　　　　　　　　　　　　　　　5)
大統領を表敬訪問し，連邦議会で演説する機会を得る。アメリカの友好的態度に好機を見
出した岩倉らは，条約改正の交渉に乗り出すも不発に終わった。日本側はまだまだ外交手
続きに不慣れであり，多くの準備不足があったからである。そのため旅程は予定よりも大
幅に遅れ，使節団の目的も西洋文明の視察にもっぱら力点が置かれることになった。

　次いでヨーロッパへと渡った使節団は，イギリスとフランスに長期滞在した。イギリス
　　　　　　　　　　　　　　　　　　　　　　　6)
では産業革命の中心地であったマンチェスターやリヴァプールなど多くの都市を巡り，炭
　　　　　　　　　　　　7)
鉱や製鉄所はもちろん，ビール工場やビスケット工場までも見学した。また，ナポレオン
　　　　　　　　　　　　　　　　　　　　　　　　　　　　　　　　　　　　　8)
3世の第二帝政とそれに続くパリ＝コミューンの崩壊後にあたるフランスでは，政治的な
党派争いと階級対立が社会の隅々に燻っている様を目の当たりにした。
　　　　　　　　　　　　　　　　　　　くすぶ

　ドイツでは，成立したばかりの帝国の首都ベルリンでビスマルクと会見し，彼の持論を
　　　　　　　　　　　　　　　　　　　　　　　　　9)
通じて国際政治の生々しい現実を知るに至った。当初，明治政府は日本が「万国公法」（当
時の国際法の呼び名）の適用対象となるような「文明国」となることを目指しており，岩
　　　10)
倉使節団もそのための視察旅行であった。ところが，ビスマルクの演説を受けて国際政治
の現実が力と力の均衡あるいは弱肉強食の世界であることを認識した使節団は，万国公法
を学ぶことよりも力の論理の追求へと向かうことになる。

このほか一行は，ベルギー，オランダ，ロシア，デンマーク，スウェーデン，イタリア，
　　　　　　　　　　　　　　　　　　　　　11)　　　　　　　　　　12)
オーストリア，スイスなどを巡った。ちょうどこの時期，オーストリアではウィーン万博
13)
が開催されており，日本の新政府も正式に参加している。

　帰路，マルセイユから地中海へと出航した一行は，エジプトで完成して間もないスエズ
　　　　　　　　　　　　　　　　　　　　　　　　　　　　　　　　　　　　14)
運河を利用し，紅海からインド洋へと抜けるルートを辿った。その後，セイロン島，シン
　　　　　　　　　　　　　　　　　　　　　　　　　　　　　　　　15)
ガポール，サイゴン，上海などを経由して1年10か月ぶりに横浜港へと戻った。こうした
　　　　　16)　　17)
岩倉使節団の海外視察経験は，「富国強兵」や「殖産興業」といった形でその後の日本の政
策方針を大きく規定するものとなる。

1．この人物は，のちに初代韓国統監となって韓国併合を推進したことから，現地の独立
　　運動家によってハルビン駅構内で暗殺された。この独立運動家の名をしるせ。

2．フランスに留学したこの人物は，ルソーの思想を日本に紹介したことで知られる。ル
　　ソーの著作として正しいものはどれか。次のa～dから1つ選び，その記号をマークせ
　　よ。あてはまるものがない場合は，eをマークせよ。

　　a．『純粋理性批判』　　　　　　　　　b．『哲学書簡』

　　c．『統治二論』　　　　　　　　　　　d．『法の精神』

3．この人物は，留学先のアメリカでキリスト教の洗礼を受けた。キリスト教の歴史に関
　　する次の文を読み，文中の空所(イ)・(ロ)それぞれにあてはまる適当な人名をしるせ。

　　　ペテロやパウロらイエスの弟子たちは彼を神の子とし，彼の死が全人類を救済するた
　　めの贖罪であったと宣教した。その後，幾人かのローマ皇帝による迫害の時代を経て，
　　313年に（　イ　）帝が発したミラノ勅令によってキリスト教は公認された。しかし，
　　キリスト教が拡大していくと教義をめぐる深刻な対立が生じる。325年のニケーア公会
　　議では，神とイエスの同質性を認める（　ロ　）の説が正統とされた一方で，これに反
　　対する立場は異端とされた。

4．1951年，この都市で開催された講和会議によって敗戦後の日本は主権を回復した。こ
　　の講和会議の参加国に該当しない国はどれか。次のa～dから1つ選び，その記号をマ
　　ークせよ。すべて該当する場合は，eをマークせよ。

　　a．イギリス　　　　b．ソ連　　　　　c．中華民国　　　　d．フランス

5．この人物は，南北戦争中に北軍の総司令官として活躍したことで知られる。南北戦争
　　に関する次の問i・iiに答えよ。

　　i．北部と対立した南部諸州は，合衆国から離脱してアメリカ連合国を形成した。この
　　　　アメリカ連合国の大統領となった人物は誰か。その名をしるせ。

ⅱ．1862年，西部の支持を取りつけるため，北部の連邦政府は西部開拓者に一定の条件のもと無償で土地を提供する法律を制定した。この法律の名をカタカナでしるせ。

6．この国では，19世紀後半に日本の浮世絵に対する関心が高まり，ジャポニスムと呼ばれる芸術趣味が流行した。日本風の橋と睡蓮の池が描かれた下の図もそうした作品の1点である。この作品を描いた人物として正しいものはどれか。次のa～dから1つ選び，その記号をマークせよ。あてはまるものがない場合は，eをマークせよ。

　a．セザンヌ　　　　　b．マネ　　　　　c．モネ　　　　　d．ルノワール

7．この2つの都市を結ぶ鉄道路線は1830年に開通した。その地図上の位置として正しいものはどれか。次のa～dから1つ選び，その記号をマークせよ。あてはまるものがない場合は，eをマークせよ。

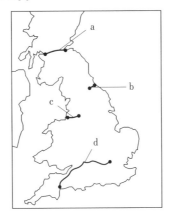

8．この人物の政権下でパリの都市改造を大規模におこなったセーヌ県知事は誰か。その名をしるせ。

9．この人物は，国内の労働者に対して「アメとムチ」両面の政策をおこなったと言われている。このうち，アメの部分にあたる労働者保護の社会保険制度として正しくないも

のはどれか。次の a 〜 d から 1 つ選び，その記号をマークせよ。すべて正しい場合は，
e をマークせよ。

　a．災害保険　　　　　b．失業保険　　　　c．疾病保険　　　　d．養老保険

10．これの歴史に関する説明として正しくないものはどれか。次の a 〜 d から 1 つ選び，
　その記号をマークせよ。すべて正しい場合は， e をマークせよ。

　a．核拡散防止条約では既存の核保有国以外の核保有が禁止された

　b．京都議定書では温室効果ガス削減のための数値目標が定められた

　c．「国際法の祖」と言われるグロティウスは『戦争と平和の法』を著した

　d．国際連盟はアメリカのウィルソン大統領の提案に基づいて発足した

11．11 世紀初頭にこの国の王として君臨し，イングランドやノルウェーを支配下におさめ
　た人物は誰か。その名をしるせ。

12．この国で開花したルネサンスの代表的思想家としてマキァヴェリがいる。政治から道
　徳や宗教を切り離す議論を展開したこの思想家の主著は何か。その名をしるせ。

13．この国を主な領土としたハプスブルク家は，1494 年から 1559 年にかけてイタリアを
　舞台に覇権をめぐる戦争を展開した。このときハプスブルク家と争ったフランスの王家
　は何か。その名をしるせ。

14．1875 年，イギリスはこの運河会社の株を買収して実質的な支配権を手に入れた。当時
　のイギリスの首相は誰か。その名をしるせ。

15．16 世紀の初めから半ばにかけて，ポルトガルはこの地のほかアジア各地に交易の拠点
　を築いた。このうち，1999 年に中国に返還された都市はどこか。その名をしるせ。

16．1955 年，この都市を首都として建国されたベトナム共和国の初代大統領は誰か。その
　名をしるせ。

17．この都市でクーデタを起こして共産党への弾圧をおこない，その後に南京で国民政府
　を樹立した人物は誰か。その名を漢字でしるせ。

II. 次の文を読み，文中の下線部 1 ）～18）にそれぞれ対応する下記の設問 1 ～18に答えよ。
解答は解答用紙の所定欄にしるせ。

　　かつてチョコレートは，現代よりも貴重な時代があった。ココアやチョコレートの原料
であるカカオ豆の原産地は中米で，遅くとも紀元前1200年に遡る文明や，紀元前 2 世紀ご
　　　　　　　　　　　　　　　　　　　1)
ろに成立したイサパ文明の担い手の子孫たちが，この豆を「カカウ」と呼んだことが「カ
カオ」の語源であると言われている。

　　メキシコ高原では，12世紀のなかごろにアステカ人が進出し，14世紀にはアステカ王国
　　　　　　　　　　　　　　　　　　　　　　　　　　　　　　　　　　　　2)
を建国した。カカオ飲料はこの王国の特権階級に好まれた苦い飲み物であった。アステカ
王国は，スペイン人のコルテスの軍に征服され滅亡したが，カカオ飲料に砂糖を入れて飲
　　　　　　　　　　　3)
みやすくしたのはスペイン人であった。彼らは，砂糖の原料となるサトウキビをエンコミ
　　　　　　　　　　　　　　　　　　　　　　　　　　　　　　　　　　　　　4)
エンダ制のもとで栽培させた。16世紀後半になると，この甘い飲み物はスペイン本国でも
よく飲まれるようになり，「チョコレート」の語はこの時期に登場した。

　　プランテーション農業で栄えたキュラソー島は，当初はスペイン領であったが1634年に
オランダ領になった。やがて同島は，オランダの西インド会社による交易の拠点となり，
　　　　　　　　　　　　　　　　　　　5)
カカオは17世紀以降に栄えた大西洋三角貿易のなかで世界商品と化していった。
　　　　　　　　　　　　　　　6)
　　フランスでは，ルイ14世の治世に宮廷でココアが飲まれるようになった。1660年に，
　　　　　　　　7)
彼はスペイン・ハプスブルク朝の王女マリ＝テレーズと結婚したが，彼女はマドリードの宮
　　　　　　　8)
廷から，スペイン式ココア担当の侍女をともない輿入れした。なお，ルイ14世の時代の貿
　　　　　　9)
易をめぐっては，財務総監のコルベールにより重商主義政策がとられた。
　　　　　　　　　　　　　　　　　　　　　10)
　　イギリスでココアが飲まれ始めたのは，17世紀半ばのピューリタンが活躍した時代であ
った。ピューリタン革命では，クロムウェルが鉄騎隊を率い，1649年には国王を処刑し，
　　　　　　　　　　　　　11)　　　　　　　　　　　　　　　　　　　　12)
政治の実権を握った。彼の政権下では，オランダに対抗するために航海法が制定された。
　　　　　　　　　　　　　　　　　　　　　　　　　　　　　　　13)
これにより，カカオが海外植民地から本国へ直接輸入されるルートが拡大した。

　　19世紀前半，イギリスは貿易体制を大きく転換し，カカオにかけられていた関税が軽減
された。保護貿易は自由貿易へと切り替えられ，1846年には穀物法が，1849年には航海法
　　　　　　　　　　　　　　　　　　　　　　　　　　　　14)
が廃止された。1853年と1860年には自由党の蔵相グラッドストンにより大規模な関税改
　　　　　　　　　　　　　　　　　　　　　15)
革が行われ，自由貿易体制が確立した。

　　1899年に南アフリカ戦争が始まると，イギリスは軍隊を送り込んだ。1900年の新年にヴ
　　16)　　　　17)　　　　　　　　　　　　　　　　　　　　　　　　　　　　　　　18)
ィクトリア女王は，戦地の兵士へのプレゼントとしてチョコレートを用意した。

　　今では，多くの国でチョコレートは大量生産され，世界中で愛されるスイーツの 1 つと
なっている。

1．巨石人頭像で有名な，メキシコ湾岸に栄えたこの文明は何か。次のa〜dから1つ選び，その記号をマークせよ。あてはまるものがない場合は，eをマークせよ。

    a．オルメカ   b．テオティワカン   c．トルテカ   d．マヤ

2．この王国の首都はどのような場所につくられたか。次のa〜dから1つ選び，その記号をマークせよ。

    a．尾根上   b．海上   c．湖上   d．三角州上

3．この人物は1521年に植民地を建設した。彼が命名した植民地の名をしるせ。

4．父親がコロンブスの航海に参加した商人で，この制度のもと先住民が強制的に働かされることを批判したスペインの聖職者は誰か。その名をしるせ。

5．この会社が設立された年よりも後の出来事はどれか。次のa〜dから1つ選び，その記号をマークせよ。あてはまるものがない場合は，eをマークせよ。

    a．アンボイナ事件   b．後金の建国

    c．三十年戦争の勃発   d．メイフラワー号がプリマスに到着

6．次の図は，18世紀におけるこの貿易での取引の様子を表している。この時期に黒人奴隷を多く輸出した ☐ にあてはまる国名をしるせ。

7．この人物が王位に就いた当時の宰相は誰か。その名をしるせ。

8．この王朝の君主にあてはまらないのは誰か。次のa〜dから1つ選び，その記号をマークせよ。すべてあてはまる場合は，eをマークせよ。

    a．カルロス2世   b．フェリペ3世   c．フェリペ4世   d．フェリペ5世

9．この人物とルイ14世の結婚を承認した条約は何か。その名をしるせ。

10．これに関する次の問i・iiに答えよ。

   i．この人物が推進した政策の下で，王の特許状に基づき労働者を集めて分業を行わせた作業場のことを何と呼ぶか。その名をしるせ。

   ii．当時の重商主義政策一般の特徴にあてはまらないものはどれか。次のa〜dから1

つ選び，その記号をマークせよ。すべてあてはまる場合は，eをマークせよ。

　　a．海運の奨励　　b．特権会社の保護　　c．輸出の奨励　　d．輸入関税の引き上げ

11．この人物が行ったことの説明として正しいものはどれか。次のa～dから1つ選び，その記号をマークせよ。あてはまるものがない場合は，eをマークせよ。

　　a．議会派を弾圧して護国卿に就任した

　　b．水平（平等）派と結んで議会から長老派を追放した

　　c．長老派の本拠地であったアイルランドを征服した

　　d．独立派の軍隊を編成して水平（平等）派軍を破った

12．1645年にこの人物が敗退し，ピューリタン革命の帰趨を決することになった戦いは何か。その名をしるせ。

13．この法律の制定でヨーロッパ諸国からイギリスへの輸入品の運搬が許可された船の条件として正しいものはどれか。次のa～dから1つ選び，その記号をマークせよ。あてはまるものがない場合は，eをマークせよ。

　　a．イギリス船のみ

　　b．イギリス船か最初の積み出し国の船のみ

　　c．イギリス船か産出国の船か，最初の積み出し国の船のいずれか

　　d．産出国の船のみ

14．これが廃止されたときの英国の首相は誰か。その名をしるせ。

15．この人物が首班となった内閣の政権下で，1870年にアイルランドの小作人を保護するために成立した法律は何か。その名をしるせ。

16．この年と翌年にアメリカ国務長官ジョン＝ヘイが，ヨーロッパ列強に示した中国に関する三原則でないのはどれか。次のa～dから1つ選び，その記号をマークせよ。

　　a．機会均等　　b．相互不可侵　　c．門戸開放　　d．領土保全

17．この戦争を推進したジョゼフ＝チェンバレンが植民相であったときに成立したイギリスの自治領はどこか。その名をしるせ。

18．この人物の治世の1851年にロンドン万国博覧会が開催された。その主な会場となった当時のイギリスの経済力を誇示する巨大建築物は何か。その名をしるせ。

2 月 13 日実施分　解答　世界史

I **解答**　1．安重根　2－e
3．イ．コンスタンティヌス　ロ．アタナシウス
4－c　5．i．ジェファソン=デヴィス　ii．ホームステッド法
6－c　7－c　8．オスマン　9－b　10－e　11．クヌート
12．君主論　13．ヴァロワ家　14．ディズレーリ　15．マカオ
16．ゴ=ディン=ジエム　17．蔣介石

◀解　説▶

≪岩倉使節団からみた世界史≫

1．安重根は朝鮮の独立運動家で，1909 年伊藤博文を満州のハルビン駅で暗殺した。

2．aの『純粋理性批判』はドイツの哲学者カント，bの『哲学書簡』はフランスの啓蒙思想家ヴォルテール，cの『統治二論』はイギリスの政治思想家ロック，dの『法の精神』はフランスの啓蒙思想家モンテスキューの著作である。

3．313 年にコンスタンティヌス帝のミラノ勅令により，キリスト教が公認された。その後，325 年のニケーア公会議では，アタナシウス派が正統とされたが，アリウス派は異端とされた。

4．サンフランシスコ講和会議に，中華人民共和国，中華民国のいずれの代表も招かれず不参加であった。

5．i．大統領選挙でのリンカンの当選を不満とする南部諸州は，アメリカ合衆国から離脱し，アメリカ連合国の大統領としてジェファソン=デヴィスを選出した。

ii．リンカン大統領は，公有地で 5 年以上定住し開拓に従事する者に対し，160 エーカー（約 65 ヘクタール）の土地を無償で与えるホームステッド法を制定した。

6．モネやルノワール，セザンヌらは印象派と呼ばれ，日本の浮世絵の描写に影響を受けた。写真はモネの「睡蓮の池」である。

7．aはエディンバラ〜グラスゴー間，bはストックトン〜ダーリントン

間，dはロンドン～エクセター間の鉄道である。cのマンチェスター～リヴァプール間では，世界で初めて鉄道営業が開始された。

8．ナポレオン3世のもと，オスマンはパリの都市改造を任され，上下水道の整備や広い道路の建設を行い，道路網を整備した。

9．やや難。ビスマルクは，国民・労働者の生活や労働に関わる保護政策として，疾病保険・災害保険・養老保険などの社会保険制度を創設した。失業保険はこれに含まれていない。

11．デーン人のクヌートは，デンマークの王位のみならず，イングランドにおいてデーン朝を成立させた。またノルウェーやスウェーデンの一部も支配下においていた。

12．ルネサンス期の思想家であるマキァヴェリは，『君主論』を著してイタリアの統一の必要性とその方策を論じた。実際に政治に携わった経験から，政治から道徳や宗教を切り離し近代的な政治理論を説いた。

13．イタリア戦争（1494～1559年）は，神聖ローマ帝国皇帝の地位を世襲したハプスブルク家とフランスのヴァロワ家との戦争で，主に神聖ローマ帝国のカール5世（在位1519～56年）とヴァロワ家のフランソワ1世（在位1515～47年）が対立した。

14．保守党の政治家であるディズレーリは，スエズ運河の買収やインド帝国の成立に携わり，イギリスの帝国主義政策を推し進めた。

15．マカオは16世紀中頃からポルトガル人の交易の拠点として繁栄し，19世紀末期にポルトガルに割譲されたが，1999年，中国に返還された。

16．ホー=チ=ミンの指導するベトナム民主共和国に対抗し，親米派のゴ=ディン=ジエムはアメリカの支援を受け，ベトナム共和国の大統領となった。

17．蔣介石は1927年に，上海クーデタを起こして共産党への弾圧を行ったあと南京で国民政府を樹立させた。

II　解答　1—a　2—c　3．ヌエバ=エスパーニャ
4．ラス=カサス　5—a　6．ダホメ　7．マザラン
8—d　9．ピレネー条約　10．i．王立マニュファクチュア　ii—e
11—b　12．ネーズビーの戦い　13—c　14．ピール
15．アイルランド土地法　16—b　17．オーストラリア　18．水晶宮

━━━━━◀解　説▶━━━━━

≪チョコレートの歴史≫

1．紀元前 1200 年頃，メキシコ湾岸に成立したのがオルメカ文明で，人頭像や大神殿など巨大な石造建造物を残した。

2．やや難。アステカ王国の首都であるテノチティトランは，メキシコ高原のテスココ湖に浮かぶ島の上に建設された。

3．難問。ヌエバ=エスパーニャは，アステカ王国の支配が完了した際，コルテスによって建設された。詳細な知識である。

4．ラス=カサスは『インディアスの破壊についての簡潔な報告』の中で，新大陸におけるスペインの苛酷な支配を批判した。

5．a．正答。オランダの西インド会社が建設されたのは，1621 年である。a のアンボイナ事件はオランダとイギリスの東インド会社が衝突した事件で，1623 年に起こった。b の後金の建国は 1616 年，c の三十年戦争の勃発は 1618 年，d のメイフラワー号がプリマスに到着したのは 1620 年である。

6．西アフリカにあるダホメ王国やベニン王国は奴隷貿易に依存しており，奴隷狩りによって人口が停滞した。

7．宰相のマザラン（在任 1642〜61 年）は王位に就いた幼少期のルイ 14世（在位 1643〜1715 年）を支え，フランスの中央集権化に努めた。

8．スペイン・ハプスブルク家はフェリペ 3 世，フェリペ 4 世と続いたが，カルロス 2 世に子どもが生まれなかったため断絶した。その後，フランスのルイ 14 世の孫であるフィリップは，フェリペ 5 世として即位し，スペイン・ブルボン朝を創始した。しかし，周辺諸国がフェリペ 5 世の即位に反対したため，スペイン継承戦争が起こった。

9．やや難。ルイ 14 世とフェリペ 4 世の娘であるマリ=テレーズの結婚は，ピレネー条約で承認された。

10．i．コルベールは王立マニュファクチュアを指導し，毛織物・ガラス製品などの大規模な生産を行った。

11．やや難。a．誤文。クロムウェルは議会派の中の独立派に属する人物で，議会派を弾圧していない。c．誤文。長老派の本拠地はアイルランドではなく，スコットランドである。d．誤文。クロムウェルは独立派の軍隊を編成し，王党派の軍を破った。

12. 難問。クロムウェルは新型軍を組織し，ネーズビーの戦いでチャールズ1世の国王軍を破った。

13. 難問。イギリスの競争相手となっていたオランダに打撃を与えるため，中継貿易を禁ずる航海法を制定した（1651年）。

14. コブデンとブライトの尽力によって，穀物法は1846年に廃止され，イギリスの自由貿易が実現した。この時の首相は，保守党のピールであった。

15. やや難。自由党のグラッドストン内閣の時に，アイルランドの小作人の権利保護のためアイルランド土地法は制定された。クロムウェルによる土地の収奪以降，アイルランド人の土地回復をはかる法であった。

16. ジョン=ヘイは，1899年に中国に関する門戸開放と機会均等の原則を，1900年には領土保全の原則を内容とする，門戸開放宣言を発表した。

17. 1895年から1903年まで植民相であったジョゼフ=チェンバレンは，1901年に自治領としてオーストラリア連邦を成立させた。

18. ロンドン万国博覧会では，ガラスと鉄でつくられた巨大な水晶宮（クリスタルパレス）が建設され，イギリスの繁栄を誇示した。

❖講　評

　Ⅰ　岩倉使節団をテーマに，古代から現代まで幅広い時代が問われた。政治史・外交史からの出題が多いが，ルソーやマキァヴェリの著作などを問う文化史に関する設問もみられた。欧米地域だけでなく，中国・朝鮮など東アジアに関する内容も含まれている。全体として標準レベルの設問が多いが，9のビスマルクの社会保険制度に関する問いなど，教科書レベルの学習では対応が難しい問題が一部含まれている。また，モネの絵画作品やイギリスの鉄道路線を問う資料問題も出題された。教科書や図説などに記載された細かい解説の学習の有無が試されている。

　Ⅱ　チョコレートの歴史をテーマに，古代から近現代までの政治史・外交史が問われた。ヨーロッパやアジア，アメリカ，アフリカなど，さまざまな地域からの設問が出題された。記述法を中心に教科書レベルの設問が多いが，2のアステカ王国の首都がつくられた場所や3のコルテスが命名した植民地に関する問い，イギリス革命期から19世紀のイギリス史などにかなり難しい問題がいくつか散見された。用語集の細かい

解説等にも目を通して，理解を深めておく必要がある。また，6では18世紀の大西洋三角貿易の関係地図に国名を補う問題が出題された。日頃から地図等を用いた視覚的な学習を取り入れておきたい。

教学社 刊行一覧

2025年版　大学赤本シリーズ

国公立大学（都道府県順）

374大学556点 全都道府県を網羅

全国の書店で取り扱っています。店頭にない場合は, お取り寄せができます。

2025年版　大学赤本シリーズ

国公立大学 その他

- 171 〔国公立大〕医学部医学科 総合型選抜・学校推薦型選抜※ 医 総推
- 172 看護・医療系大学〈国公立 東日本〉※
- 173 看護・医療系大学〈国公立 中日本〉※
- 174 看護・医療系大学〈国公立 西日本〉※
- 175 海上保安大学校／気象大学校
- 176 航空保安大学校
- 177 国立看護大学校
- 178 防衛大学校 総推
- 179 防衛医科大学校（医学科） 医
- 180 防衛医科大学校（看護学科）

※ No.171～174の収載大学は赤本ウェブサイト（http://akahon.net/）でご確認ください。

私立大学①

北海道の大学（50音順）
- 201 札幌大学
- 202 札幌学院大学
- 203 北星学園大学
- 204 北海学園大学
- 205 北海道医療大学
- 206 北海道科学大学
- 207 北海道武蔵女子大学・短期大学
- 208 酪農学園大学（獣医学群〈獣医学類〉）

東北の大学（50音順）
- 209 岩手医科大学（医・歯・薬学部） 医
- 210 仙台大学 総推
- 211 東北医科薬科大学（医・薬学部） 医
- 212 東北学院大学
- 213 東北工業大学
- 214 東北福祉大学
- 215 宮城学院女子大学 総推

関東の大学（50音順）

あ行（関東の大学）
- 216 青山学院大学（法・国際政治経済学部－個別学部日程）
- 217 青山学院大学（経済学部－個別学部日程）
- 218 青山学院大学（経営学部－個別学部日程）
- 219 青山学院大学（文・教育人間科学部－個別学部日程）
- 220 青山学院大学（総合文化政策・社会情報・地球社会共生・コミュニティ人間科学部－個別学部日程）
- 221 青山学院大学（理工学部－個別学部日程）
- 222 青山学院大学（全学部日程）
- 223 麻布大学（獣医、生命・環境科学部）
- 224 亜細亜大学
- 226 桜美林大学
- 227 大妻女子大学・短期大学部

か行（関東の大学）
- 228 学習院大学（法学部－コア試験）
- 229 学習院大学（経済学部－コア試験）
- 230 学習院大学（文学部－コア試験）
- 231 学習院大学（国際社会科学部－コア試験）
- 232 学習院大学（理学部－コア試験）
- 233 学習院女子大学
- 234 神奈川大学（給費生試験）
- 235 神奈川大学（一般入試）
- 236 神奈川工科大学
- 237 鎌倉女子大学・短期大学部
- 238 川村学園女子大学
- 239 神田外語大学
- 240 関東学院大学
- 241 北里大学（理学部）
- 242 北里大学（医学部） 医
- 243 北里大学（薬学部）
- 244 北里大学（看護・医療衛生学部）
- 245 北里大学（未来工・獣医・海洋生命科学部）
- 246 共立女子大学・短期大学
- 247 杏林大学（医学部） 医
- 248 杏林大学（保健学部）
- 249 群馬医療福祉大学・短期大学部
- 250 群馬パース大学 総推

- 251 慶應義塾大学（法学部）
- 252 慶應義塾大学（経済学部）
- 253 慶應義塾大学（商学部）
- 254 慶應義塾大学（文学部） 総推
- 255 慶應義塾大学（総合政策学部）
- 256 慶應義塾大学（環境情報学部）
- 257 慶應義塾大学（理工学部）
- 258 慶應義塾大学（医学部） 医
- 259 慶應義塾大学（薬学部）
- 260 慶應義塾大学（看護医療学部）
- 261 工学院大学
- 262 國學院大學
- 263 国際医療福祉大学 医
- 264 国際基督教大学
- 265 国士舘大学
- 266 駒澤大学（一般選抜T方式・S方式）
- 267 駒澤大学（全学部統一日程選抜）

さ行（関東の大学）
- 268 埼玉医科大学（医学部） 医
- 269 相模女子大学・短期大学部
- 270 産業能率大学
- 271 自治医科大学（医学部） 医
- 272 自治医科大学（看護学部）／東京慈恵会医科大学（医学部〈看護学科〉）
- 273 実践女子大学 総推
- 274 芝浦工業大学（前期日程）
- 275 芝浦工業大学（全学統一日程・後期日程）
- 276 十文字学園女子大学
- 277 淑徳大学
- 278 順天堂大学（医学部） 医
- 279 順天堂大学（スポーツ健康科・医療看護・保健看護・国際教養・保健医療・医療科・健康データサイエンス・薬学部） 総推
- 280 上智大学（神・文・総合人間科学部）
- 281 上智大学（法・経済学部）
- 282 上智大学（外国語・総合グローバル学部）
- 283 上智大学（理工学部）
- 284 上智大学（TEAPスコア利用方式）
- 285 湘南工科大学
- 286 昭和大学（医学部） 医
- 287 昭和大学（歯・薬・保健医療学部）
- 288 昭和女子大学
- 289 昭和薬科大学
- 290 女子栄養大学・短期大学部 総推
- 291 白百合女子大学
- 292 成蹊大学（法学部－A方式）
- 293 成蹊大学（経済・経営学部－A方式）
- 294 成蹊大学（文学部－A方式）
- 295 成蹊大学（理工学部－A方式）
- 296 成蹊大学（E方式・G方式・P方式）
- 297 成城大学（経済・社会イノベーション学部－A方式）
- 298 成城大学（文芸・法学部－A方式）
- 299 成城大学（S方式〈全学部統一選抜〉）
- 300 聖心女子大学
- 301 清泉女子大学
- 303 聖マリアンナ医科大学 医

- 304 聖路加国際大学（看護学部）
- 305 専修大学（スカラシップ・全国入試）
- 306 専修大学（前期入試〈学部個別入試〉）
- 307 専修大学（前期入試〈全学部入試・スカラシップ入試〉）

た行（関東の大学）
- 308 大正大学
- 309 大東文化大学
- 310 高崎健康福祉大学
- 311 拓殖大学
- 312 玉川大学
- 313 多摩美術大学
- 314 千葉工業大学
- 315 中央大学（法学部－学部別選抜）
- 316 中央大学（経済学部－学部別選抜）
- 317 中央大学（商学部－学部別選抜）
- 318 中央大学（文学部－学部別選抜）
- 319 中央大学（総合政策学部－学部別選抜）
- 320 中央大学（国際経営・国際情報学部－学部別選抜）
- 321 中央大学（理工学部－学部別選抜）
- 322 中央大学（5学部共通選抜）
- 323 中央学院大学
- 324 津田塾大学
- 325 帝京大学（薬・経済・法・文・外国語・教育・理工・医療技術・福岡医療技術学部）
- 326 帝京大学（医学部） 医
- 327 帝京科学大学 総推
- 328 帝京平成大学 総推
- 329 東海大学（医〈医〉学部を除く一般選抜）
- 330 東海大学（文系・理系学部統一選抜）
- 331 東海大学（医学部〈医学科〉） 医
- 332 東京医科大学（医学部〈医学科〉） 医
- 333 東京家政大学・短期大学部 総推
- 334 東京経済大学
- 335 東京工科大学
- 336 東京工芸大学
- 337 東京国際大学
- 338 東京歯科大学
- 339 東京慈恵会医科大学（医学部〈医学科〉） 医
- 340 東京情報大学
- 341 東京女子大学
- 342 東京女子医科大学（医学部） 医
- 343 東京電機大学
- 344 東京都市大学
- 345 東京農業大学
- 346 東京薬科大学（薬学部） 総推
- 347 東京薬科大学（生命科学部）
- 348 東京理科大学（理学部〈第一部〉－B方式）
- 349 東京理科大学（創域理工学部－B方式・S方式）
- 350 東京理科大学（工学部－B方式）
- 351 東京理科大学（先進工学部－B方式）
- 352 東京理科大学（薬学部－B方式）
- 353 東京理科大学（経営学部－B方式）
- 354 東京理科大学（C方式、グローバル方式、理学部〈第二部〉－B方式）
- 355 東邦大学（医学部） 医
- 356 東邦大学（薬学部）

2025年版　大学赤本シリーズ

私立大学②

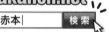

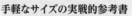

いつも受験生のそばに──赤本

大学入試シリーズ＋α
入試対策も共通テスト対策も赤本で

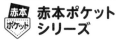

2025 年版　大学赤本シリーズ　No. 423

立教大学（日本史・世界史〈2日程× 3カ年〉）

編　集　教学社編集部
発行者　上原　寿明
発行所　教学社
　　　　〒606-0031
　　　　京都市左京区岩倉南桑原町56

2024 年 7 月 10 日　第 1 刷発行
ISBN978-4-325-26482-8
定価は裏表紙に表示しています

電話　075-721-6500
振替　01020-1-15695
印　刷　太洋社